AF302397

Il était une foi...

Du même auteur

IL ÉTAIT (ENCORE) UNE FOI... (à paraître)
JE VOIS, DONC JE CROIS (à paraître)

PATRICE
KARATCHENTZEFF

Il était une foi...

@ 2024 Patrice Karatchentzeff
https://advictoriam.fr

Édition : Karatchentzeff
Impression : BoD – Books on Demand,
In de Tarpen 42, Norderstedt (Allemagne)
Impression à la demande

ISBN : 978-2-9592-1310-6

Dépôt légal : mars 2024

Totus tuus ego sum Maria.

Saint Louis-Marie Grignon de Montfort
(1673-1716) dont la devise était *Ad Jesum
per Mariam.*

Ce livre est dédié à la Reine du Ciel
qui, par son *fiat*, a changé la face du
monde et, incidemment, ma vie.

Je remercie ma Chiara de m'avoir encouragé à publier ce livre, dix ans après que je l'ai écrit. Elle m'a aidé, guidé, conseillé et surtout soutenu : sans elle, je n'aurais sans doute pas réussi à franchir cette montagne.

Je Suis

Je Suis. Il est difficile de me définir autrement. Je n'ai pas de commencement. Et je n'aurai pas de fin. La notion même de temps n'a pas de sens à mon égard. Je Suis. C'est tout. C'est inimaginable quand on vit dans le temps. Pas pour moi. Je Suis. C'est tout. Je n'ai ni présent, ni passé, ni avenir.

Pourtant, ma puissance n'a pas de limite. De même que Je Suis, je peux tout. Mes limites sont celles que je m'impose. Et je ne m'impose rien. Je suis tout. J'occupe tout l'espace. Parler d'espace n'a pas vraiment de sens non plus, car il n'existe rien d'autre que moi. Non seulement Je Suis parce que j'existe – et réciproquement –, mais aussi parce que tout est moi.

Je suis heureux. Je sais tout. Je peux tout. Rien ne me contrarie. Je vis – Je Suis – avec mon Fils. Comme moi, Il Est. En même « temps » que moi. Nous sommes de même nature : nous sommes si liés que rien ne peut nous différencier si ce n'est nous-mêmes. Nous sommes si unis que rien ne peut nous séparer. Rien. L'amour qui nous lie est si fort et si incroyable qu'il a donné naissance à une autre personne, de même nature que nous. Elle est l'Amour même. Cet amour qui nous lie, moi, le Père, à lui, mon Fils. Mais nous sommes si liés tous les Trois que nous ne formons qu'un seul tout : nous sommes Trois et pourtant un seul tout.

Chacun de nous Trois est. Aucun ne précède l'autre et aucun n'est au-dessus ou en dessous. Nous sommes là. Même l'emploi du pronom « nous » n'a pas de sens, car nous sommes Un. La première personne du singulier aurait plus de sens. Singulier. Notre relation l'est, assurément. Trois personnes. Une seule unité. Sans fin et sans début. Sans temps qui coule. Tout puissant.

Je suis heureux. Je vis cette relation à la perfection. Rien ne pourra jamais dépasser ce bonheur. Il est parfait. À mon image. À notre image.

Les anges

LE BONHEUR a beau être total et partagé entre nous Trois, j'éprouve l'envie irrésistible de le partager autrement. L'amour est si fort, si parfait et si rayonnant que je voudrais qu'il y en ait partout autour de moi. Je ressens le besoin de le donner.

Mais nous sommes Trois. Et seuls malgré les apparences. Nous sommes toujours d'accord et nous voulons partager notre amour. La solution est simple : il suffit que nous ne soyons plus seuls. Créons quelqu'un d'autre : il sera là pour partager ce bonheur.

Mais quelle créature pourrais-je bien créer ? Mon imagination n'a pas de limite. Mais pourquoi chercher ailleurs alors que le modèle est devant moi : Je Suis. Pourquoi ma créature serait-elle différente ? Il suffit de la créer à mon image. Pourtant, bien que tout puissant, je ne peux me résoudre à changer la nature même de mon essence : ma créature ne pourra jamais être mon égal. Mais elle devra l'être le plus possible. Je vais la créer identique à mon essence, mais juste un peu moins puissante que moi. Elle sera créée exclusivement pour aimer. Pour m'aimer. Et pour que je puisse l'aimer aussi. Elle sera parfaite. Nous partagerons. Nous serons heureux.

Pour la première fois, le « nous » aura du sens. Nous serons vraiment différents. Rien que d'y penser, je salive à la joie de partager cet amour dont je déborde.

Pourtant, je ne peux me résoudre à créer de simples marionnettes. Quand on aime, on est deux. Il y a d'abord cette envie d'aimer que l'on veut partager : c'est un acte libre. Sans cet acte, l'amour n'a pas de sens, car dans l'amour il y a le don. Et le don ne peut être que librement consenti. Une marionnette créée pour aimer n'a pas la liberté de donner. Donc d'aimer. On ne peut créer de l'amour à partir d'un robot. Je pourrai tout au mieux concevoir un robot qui m'honorerait en permanence. Mais je souhaite davantage : je veux partager mon amour.

La solution est simple : il suffit que ma créature consente librement à m'aimer. Elle ne sera plus une marionnette, puisqu'elle aura librement consenti à cet acte. Ce sera sa décision et je ne l'influencerai pas, car je suis au-dessus de tout. De sa décision découlera toute sa vie future.

Et puis, pourquoi se limiter à une seule créature ? Je vais en créer presque une infinité. Leur démultiplication sera autant de possibilités de partager mon amour. Ce dernier est infini de toute façon, donc rien ne saurait totalement le combler, sauf, bien sûr, la relation que nous entretenons tous les trois : Moi, mon Fils et l'Amour qui nous unit.

Je vais toutes les différencier, leur donner à chacune un rôle et une fonction autour de moi pour leur montrer mon amour. Je donnerai à chacune de mes créatures un nom différent. Ainsi, elle saura qu'elle compte pour moi et qu'elle est unique à mes yeux.

La chute des anges

Tous les trois, nous en avons discuté. Nous savons pourtant ce qui peut se passer. Et même ce qui va se passer. Mais nous allons continuer, car l'amour qui nous unit est bien plus fort encore si nous pouvons l'offrir à d'autres. Alors, c'est décidé : nous allons le faire.

Je crée toutes ces créatures et les baptise chacune en leur donnant un nom et un rôle. Lorsque l'une naît, elle accepte mon amour. Ou bien le rejette. Librement. Je ne veux pas forcer la main. Je sais que notre amour est à ce prix. Mais chaque rejet me peine et me blesse.

L'un d'entre eux me peine plus que les autres. Cette créature était pourtant encore plus belle que les autres. Elle avait été créée pour être au plus près de moi, presque comme moi. Elle brillait donc de mille feux. Et comme telle avait été baptisée du très beau nom de Lucifer, celle qui porte ma Lumière. Pourtant, bien que très proche, elle m'a rejeté. Cela m'a peiné plus que pour les autres.

Ces créatures ont donc mon essence. Elles vivent comme moi. La notion de temps n'existe pas pour elles. Je n'ai pas encore pris le temps de créer le temps. Le temps est une limite et je ne veux pas limiter mes créatures : je les aime trop. Pourtant, elles sont bel et bien nées. Il y a un avant et un après. Même si le temps n'existe pas. Contrairement à moi, elles n'ont pas toujours existé, puisqu'elles sont issues de mon amour.

Je n'ai aucun problème avec les créatures qui ont librement consenti à m'aimer. Nous vivons en pleine communion d'amour. C'est merveilleux de partager cet amour, si beau, qui nous unit tous les Trois. Ces créatures, je les ai appelées anges. Elles sont si belles. Presque aussi merveilleuses que moi. Elles sont parfaites et j'en suis extrêmement fier. Elles sont si proches de moi : c'est un vrai bonheur.

Pourtant, et comme je le pressentais évidemment, celles qui ont refusé de m'aimer ont mal tourné. En se détournant de moi, elles se sont détournées de l'amour. Je suis l'Amour. On ne peut aimer sans m'aimer, car je suis la seule source de l'Amour. Ces créatures ont refusé de m'aimer : il leur manque l'essentiel de ce qui permet de vivre le véritable bonheur. Elles sont donc malheureuses. Car leur choix est définitif : elles sont créées de la même essence que moi. Elles ne peuvent donc qu'embrasser une fois pour toutes un unique choix à leur naissance : celui de l'amour – mon amour – ou bien celui de son absence. C'est un choix librement consenti : à leur naissance, je leur ai laissé le choix. Elles étaient libres de choisir, car elles en connaissaient les conséquences. Elles ont choisi.

Par ce choix, toutes ces créatures ont créé *de facto* deux communautés. Celle des anges qui m'aiment et que j'aime et l'autre, qui me rejette et me fait de la peine.

L'ange de lumière

AU SEIN de cette dernière communauté, Lucifer, qui m'a causé tant de chagrin, s'est levé contre moi. Il a utilisé tous ses atouts – et je sais combien il en a – pour convaincre ses compagnons d'infortune de se liguer contre moi. Il veut ma place. Pauvre créature inconsciente de ses limites ! J'ai beau lui avoir donné presque toute ma puissance, il n'en est pas moins vrai que je serai toujours infiniment plus puissant que lui. Quel dommage qu'il emprunte cette voie ! L'amour qu'il a refusé s'est transformé en haine. C'est normal : l'amour est l'essence de toutes mes créatures. Sans amour, elles se vident de leur substance. Elles aspirent alors forcément à autre chose qui s'oppose à l'amour.

Pour la première fois depuis que Je Suis, il existe autre chose que l'amour autour de moi. Je le savais en créant tout cela. Nous en avions parlé ensemble tous les Trois. Mais le bonheur de partager notre amour avec les anges en valaient vraiment la peine.

Pourtant, je ne peux pas laisser faire n'importe quoi. L'amour qui nous unit désormais aux anges ne peut être perturbé par ces mauvaises créatures. Je serais injuste avec les anges si je l'autorisais. Et l'injustice n'est pas conforme à l'amour que je leur porte.

Lucifer s'est désormais constitué une armée. Il se ligue contre moi pour me détrôner. Quel inconscient !

Je propose donc aux anges de se battre, pour défendre leur choix de l'Amour. Je pourrais écraser Lucifer d'un simple revers de la main. Je trouve plus normal qu'il affronte ses mauvais choix, et que ceux qui ont fait le bon choix s'opposent à lui. Et puis, le combat sera égal : Lucifer aura sa chance. Je ne suis pas cruel. Les uns et les autres se valent : le combat sera donc équitable.

La bataille céleste

JE SOLLICITE un de mes archanges. Il fait partie de mes sept familiers. Il s'appelle Michel. Il est beau, fort et fidèle. Il est enthousiaste : il sait mobiliser ses compagnons comme nul autre pareil. Il sera le chef de la milice des anges. Je lui offre mon épée. Cet attribut sera autant son arme que le symbole de la confiance que je lui porte. Et que doivent lui porter ses frères.

Ce geste a suffi. Michel n'a pas eu besoin de battre le rappel. Tous les anges ont suivi comme un seul être. Ils se sont rassemblés derrière mon héraut Michel. Cette armée donnerait le vertige à n'importe quel général, tant ses effectifs sont indénombrables. Mais la milice des anges de Lucifer est sensiblement du même ordre. Le combat s'annonce donc extraordinaire.

Moi qui Suis et qui ai toujours existé, je viens de mettre le feu aux poudres. Par amour, j'ai donné ce bien le plus précieux qui soit : la liberté. Et de cette liberté est né cet engagement terrible qui s'annonce : la guerre entre les anges.

Cette guerre est courte. Elle ne dure que le temps d'une bataille dans un monde où le temps n'existe pas. Mais la bataille est violente. L'amour s'oppose à la haine. Deux partis irréconciliables se rencontrent et s'affrontent. Leur amour est si fort que mes anges tendent toujours la main pour attirer ceux de Lucifer de mon côté. Mais leur haine en retour refuse cette main tendue de l'amour. Au contraire, elle les irrite au plus haut point, excitant leur haine. Il en sera toujours ainsi : l'amour révulsera toujours les haineux, excitant leur répulsion. Alors, les compagnons de Lucifer se jettent sur mes anges pour les repousser.

Mais ces derniers sont portés par l'Amour. Ce qui nous unit avec le Fils leur insuffle force et courage. Ils ne ploient pas. Ils ne reculent pas. Le choc est pourtant d'une violence inouïe, car la puissance des uns et des autres est presque sans limite. Mais l'amour est toujours le plus fort, car l'Amour c'est Moi. Et je suis tout. Alors mes anges sont portés. Ma milice ne plie pas. Elle ne ploie même pas : l'armée de Lucifer est stoppée dans son attaque. Alors Michel, brandissant mon épée, rassemble son armée et contre-attaque en tête, menant l'assaut. Tous les anges de Lucifer sont terrifiés. Les belles paroles de ce dernier ne suffisent plus à les galvaniser, car elles leur apparaissent désormais pour ce qu'elles sont : de vaines promesses, creuses. Alors ils fuient, loin et vite, toujours plus loin et toujours plus vite. Jusqu'à l'encerclement. En grand stratège, Michel a vaincu. Sur une charge. L'ennemi a été manœuvré et bousculé. Il est maintenant encerclé, un genou à terre.

L'Enfer et les démons

C'EST ALORS que j'interviens. Les anges déchus ont été vaincus. Je n'ai pas combattu. Mes anges ont défendu leur bonheur de m'aimer : cela a suffi. Il est juste désormais que j'intervienne.

Les anges déchus sont à genoux. Ils auraient pu vivre loin de moi et j'aurais laissé faire. Mais ils ont voulu me tuer, moi, leur propre père. C'est un crime terrible que de vouloir tuer ses parents. Ils ont aussi voulu détruire mes propres créatures que je considère comme mes enfants. C'est aussi un crime odieux. Nul n'aura jamais le droit d'ôter la vie que je donne à l'une de mes créatures.

Le monde dans lequel nous vivons baigne dans l'amour et, malgré cela, ils l'ont rejeté et ont voulu le détruire. Alors ma sentence sera terrible. Puisqu'ils ne veulent pas de mon amour – acte libre auquel ils ont consenti à leur naissance –, mais aussi parce qu'ils ont voulu tuer l'amour, alors je les bannis à jamais de l'amour en me retirant d'eux. Eux qui baignaient malgré tout dans mon monde – moi qui suis le monde –, alors je crée une partie de ce monde sans moi.

Pour la première fois, il existe une parcelle du monde sans moi. Et dans laquelle je place tous ces anges déchus.

J'appelle ce monde l'Enfer.

Les conséquences sont immédiates et terrifiantes. Ces anges déchus, qui étaient de même essence que moi, étaient aussi beaux que mes anges fidèles. Mais leur beauté venait de moi, car elle était la conséquence de mon image. Lorsque je les ai quittés, leur beauté est partie avec moi. Dotés à l'origine d'une fascinante et indescriptible beauté, ils sont devenus d'une laideur repoussante et terrifiante.

Ils n'ont plus rien en commun avec mes anges fidèles. Je ne peux donc plus les nommer de façon identique. Je les appellerai désormais « démons ».

Ainsi sont nés deux mondes distincts : les noirs abîmes de l'Enfer, peuplées de créatures d'une laideur insupportable et agissant pour le compte de la haine, sous les ordres de Lucifer, et le monde céleste, baigné par ma présence dans laquelle vivent mes anges, tous plus beaux les uns que les autres.

Le recoupement d'un monde avec l'autre n'est plus possible. Tout est en équilibre. Et la paix revient.

L'idée de la Genèse

TOUT EST désormais pour le mieux. J'ai retrouvé le calme et le bonheur de vivre dans l'amour que je partage avec mes enfants. Le cadre est idyllique. Parfait. Sans accroc.

En fait, il est trop lisse.

Il est vrai que l'amour est le don. Et l'amour que me donnent les anges – mon amour – me comble assurément. Toutefois, il y a une nature chez eux qui limite ce don. Ils m'ont choisi librement à leur naissance. C'est très beau. Mais ils n'ont finalement donné qu'une fois. Ensuite, de même essence que moi, ils sont devenus parfaits. Mais ce n'est qu'une conséquence de leur don unique. C'est pourquoi l'amour qu'ils me donnent est beau, bien sûr, mais il ne se renouvelle pas, tout baigné de cette perfection.

Je me plais à imaginer une créature qui pourrait renouveler ce don en permanence.

Elle devra être différente des anges. Elle ne pourra être totalement parfaite, car elle devra pouvoir choisir tout au long de son existence. Son choix pourra donc toujours être remis en question.

Le concept me plaît. J'avoue que je pourrais en saliver d'avance si j'étais doté de l'organe idoine. Imaginer une créature qui renouvellerait à tout instant son choix de m'aimer, librement et sans contrainte, serait pour moi, sans aucun doute, un bonheur indicible.

L'idée fait tranquillement son chemin. La créature devra être totalement différente de mes chers anges. En adoptant leur nature, elles seraient empêchées par leur perfection de renouveler leur vœu si le désir de changer leur venait à l'esprit. Je devrais donc créer quelque chose de totalement nouveau. Différent de ma nature. Pourtant, l'idée d'abandonner ma nature à cette créature ne me plaît pas. Je suis la source de tout : je suis tout. Si j'abandonnais une part de mon essence dans cette créature, il lui manquerait l'essentiel. Ce ne serait pas vraiment lui faire un cadeau.

C'est alors que je décide qu'elle sera infiniment plus complexe que les anges. Je vais l'engendrer simultanément sous deux formes, une très proche de mon essence et une autre sous forme de matière qui n'existe pas pour le moment. Ces deux formes ne seront pas indépendantes : la première mettra en mouvement la seconde, mais la seconde sera le moteur de sa vie. Cette créature pourra me parler grâce à sa première forme. Mais sa seconde forme sera aussi un chemin vers moi. Plus tard. Car j'anticipe : je sais trop bien ce qui va arriver. Et pourtant, je n'ai pas envie de ne pas le faire. Même mon Fils qui va devoir mettre en œuvre un processus inimaginable me pousse dans cette direction.

La Genèse : les plans

Tout cela est terriblement excitant. Finalement, la création des anges ne m'a pas demandé autant de réflexion. Les choses étaient beaucoup plus simples. Maintenant, je vais devoir mettre au point une œuvre d'une exceptionnelle complexité. C'est beaucoup plus amusant et, d'autant plus qu'au final, le résultat sera sans commune mesure.

Réfléchissons un peu. Je ne pars pas de zéro. Il serait dommage de ne pas profiter de ce que j'ai déjà créé. Ce serait du gâchis et je ne peux m'y résoudre. Mes créatures le feront suffisamment un jour : pas besoin que j'y ajoute ma patte. Je vais utiliser toutes les créatures que j'ai déjà créées. Elles me serviront pour l'aspect invisible du monde que je vais créer. Les démons vont aussi me servir. Qu'au moins leur présence me soit utile !

Mais comment limiter ma nouvelle créature tout en la laissant libre ? Le concept est tordu, mais je peux tout. Il est évident que cette créature ne peut pas évoluer dans le même environnement que mes premières créatures. L'idée germe naturellement en moi : je vais créer le temps. Le temps sera la prison dans laquelle évoluera cette créature. Elle ne pourra sentir que le moment présent tout en se rappelant le passé, mais n'aura aucune notion de l'avenir, puisque ce dernier sera modulable en fonction de sa liberté de choisir.

Ainsi, contrairement à moi, elle sera totalement incapable d'appréhender l'ensemble des futurs issus d'un point donné de son présent.

Le concept me plaît de plus en plus. À côté, malgré leur perfection, mes anges n'auront jamais connu ce privilège que je suis en train d'offrir à ces nouvelles créatures.

Et puis, j'ajoute un concept génial, bien plus original que la création des anges. Cette créature aura la faculté d'engendrer sa propre descendance. En utilisant cet amour dont je vais la doter abondamment, je lui laisserai le soin d'assumer seule sa propre descendance. Je me contenterai d'insuffler mon essence sur chaque descendant. Ainsi, cette créature participera librement à ma Création tout entière.

Je vais aussi confier à un ange le soin d'accompagner chacune de mes créatures. Ainsi, elles ne seront jamais seules.

La dualité de mon essence et de la matière me plaît beaucoup. Mais je veux inscrire la matière dans un concept bien plus large. Il faut non seulement que ma nouvelle créature évolue dans un monde où le temps s'écoule, mais aussi dans un monde à son image où la matière existe. Ma créature sera donc aussi bien limitée par le temps que par la matière.

La conception de ce monde m'amuse beaucoup. Je pourrai tout créer *ex nihilo* comme le ferait un magicien, mais ce ne serait pas très amusant. Je cherche une solution où il serait flagrant que mon action dans la création de ce monde soit évidente, tant par sa fulgurante beauté que par l'extraordinaire mécanisme de sa mise en œuvre.

Le défi est de taille. Mais il est simplement à la hauteur de ma puissance. Je décide d'utiliser la notion de temps que je viens de créer. Le monde que je vais créer ne sera pas statique : il évoluera en permanence au cours de ce temps et obéira à une série de lois qui régiront sa matière et donc son évolution. La plus petite parcelle comme les plus grandes parties de ce monde obéiront toutes à ces lois immuables.

Et ma créature prendra naturellement sa place au milieu de ce monde, lorsque ce dernier sera prêt à la recevoir.

Enfin, la complexité de l'ensemble sera telle que nulle intelligence à part moi ne sera capable d'en appréhender totalement l'ensemble.

Cette genèse nous rend tous les Trois bien heureux. Je décide que chacun de nous aura un rôle à jouer dans ce monde. Nous sommes enthousiastes à cette idée. Nous sentons déjà par avance le bonheur de partager notre amour avec cette nouvelle créature.

La Création

VOILÀ, tout est prêt, pensé, et ce, jusque dans les moindres détails. C'est un moment unique. Je crée un monde nouveau : tel l'artiste qui accouche d'une œuvre dont il pressent qu'elle sera son chef-d'œuvre, j'éprouve la même joie lorsque je m'attelle à la tâche.

Je concentre une quantité d'énergie formidable autour de moi. Ce n'est pourtant rien par rapport à moi. Mais ce sera amplement suffisant pour amorcer ma création. Alors, je libère cette énergie et je laisse mon œuvre – mon chef-d'œuvre – éclore tranquillement.

À l'instant même où toute cette énergie se libère, le temps commence. Pour ma Création. Pour moi, évidemment, et pour tous ceux qui vivent auprès de moi comme mes anges, cela ne change rien. Alors, j'y assiste, à la fois comme spectateur et acteur. J'envoie mon Fils réaliser point par point ce qui a été pensé avec l'aide de l'Amour.

Chaque étape de ma Création est un moment magique qui nous rapproche toujours davantage du but que je me suis fixé. Ma créature. Si je n'étais pas tout puissant, je pourrais être impatient à l'idée de la rencontrer et de pouvoir l'aimer. Mais je savoure au contraire chacune de ces étapes : la perfection de l'enchaînement qui va conduire à ma créature est un délice à contempler.

Je regarde la matière émerger. À l'échelle de ma créature, elle met un temps astronomique à se créer, puis à se rassembler et enfin à se concentrer. À partir de cette étape, les lois de la Création se mettent en place naturellement. La gravité apparaît, concentrant lentement la matière en agglomérat. La diversité des matières conduit peu à peu à ce que chacun de ces agglomérats donne naissance à des entités différentes. Certains états sont solides, d'autres gazeux. Sous certaines conditions des lois auxquelles sont soumises les matières, leur forme évolue : cet univers très primitif est déjà d'une infinie variété. Et, pourtant, ce n'est que le commencement, le frémissement créatif.

Certains amas solides donnent naissance à des astres. Peu à peu, des milliards et des milliards d'astres peuplent cet univers en expansion. Quelle bonne idée que d'avoir créé tout cela sous le signe du dynamisme ! Qui ne pourra jamais douter qu'il y ait ainsi une cause unique à cette Création ? Et, pourtant, je sais déjà ce que la liberté que je vais offrir à mes nouvelles créatures va engendrer.

Certains amas, sous l'effet de la gravitation et grâce aux lois des réactions en chaîne, deviennent des astres de lumière. C'est ainsi que ce monde de matières quitte l'ombre pour entrer dans la lumière. Bien que dotés d'une extraordinaire puissance de rayonnement, ces astres ne renvoient qu'un pâle reflet de ma Lumière. Quelle beauté que ces lumi-naires! Je les nomme étoiles. Elles sont au cœur de ma Création, car elles auront de nombreux usages. Les premières seront la matrice de toutes les matières. Les suivantes seront la lumière du jour et de la nuit. Elles seront la chaleur. Leur apparente puissance démesurée sera aussi un pâle rappel de ma propre puissance. Et il y en aura des millions de milliards.

C'est si beau! Ce n'est que le début, mais que c'est beau déjà!

Peu à peu, les astres prennent chacun leur place. Ils se regroupent suivant les lois que j'ai créées. Tantôt en système, tantôt en galaxie, tantôt en constellation. Toujours plus grands et en permanente expansion. Quel spectacle!

La Terre : le ciel et la nuit

ANS CE SPECTACLE, un astre concentre toute mon attention. Je l'ai choisi depuis le début. Il sera le berceau de l'ensemble de mes créatures. J'ai créé cet astre avec beaucoup de soin et je l'ai placé dans un système avec une étoile à une distance qui va lui permettre de le baigner de sa lumière : ce sera l'instrument que j'ai choisi pour créer la vie dans cet astre que je nomme Terre. Et cet-te étoile Soleil.

La Terre à ses débuts est un astre peu engageant, mais tout y est présent. Elle a collecté de sa lente génération dans l'espace presque tous les éléments que j'ai créés dans l'univers. Elle contient en germe tout ce qu'il faut pour en faire le berceau de la vie.

Placée judicieusement à une distance idéale du Soleil, elle entame peu à peu une rotation autour de ce dernier. Entraînée aussi par une rotation sur elle-même, elle reçoit les rayons du Soleil pour qu'alternent régulièrement le jour et la nuit.

L'astre solaire illumine les journées tandis que les astres solaires très lointains illuminent les nuits.

Quel spectacle ! Quelle beauté !

À une distance du Soleil qui la baigne de ses rayons sans la brûler, la Terre continue à évoluer lentement et à transformer sa matière brute. Dépourvue à l'origine de matière gazeuse, elle subit une transformation chimique des éléments en surface, renforcée par les effets du jour et de la nuit, et qui la conduit peu à peu à se doter d'une atmosphère protectrice. Qui plus est, cette atmosphère la colore d'un bleu unique, l'habillant d'une robe somptueuse. Ainsi, le jour se différencie de la nuit par la couleur de sa voûte céleste : le noir de la nuit permet de faire ressortir le discret éclairage des étoiles très lointaines. Le jour, le Soleil brille et repose sur un écrin bleu azur qui se peint de couleurs chatoyantes et uniques lors de son lever et de son coucher.

Quel spectacle grandiose et fabuleux !

Pourtant, les astres de la nuit sont un peu légers. Ils sont si loin. J'arrache donc un morceau de cette Terre pour créer un astre de la nuit et, suprême astuce, je le fais éclairer par le Soleil : ainsi, il brille dans la nuit en respectant l'obscurité. Il libérera plus tard un éclairage suffisant pour mes créatures. Je nomme Lune cette planète sœur issue des entrailles de la Terre.

L'équilibre est parfait.

La Terre et la mer

TOUJOURS sous l'action du soleil qui baigne la Terre de ses rayons bienveillants, les éléments du sol se transforment peu à peu. Initialement glacés quand ils étaient au contact du vide de l'univers, ils se réchauffent. Certains fondent rapidement et recouvrent la Terre entière. Je nomme cet élément liquide mer. Il sera à la fois la matrice et le berceau de nombreuses créatures que je vais ensuite créer.

Mais la Terre n'est pas un astre inerte. Toute sa matière vit au rythme de ses lois internes, qui la font parfois remuer avec une certaine violence. Parfois, cette matière est recrachée vers la surface au niveau de la mer. Peu à peu naissent des montagnes et des volcans, sous la contrainte à la fois de résurgences internes et de mouvements en surface de son sol, activés par un cœur bouillonnant. Ainsi se mettent en place des îlots émergés, qui se différencient de la mer et que le soleil inonde peu à peu de ses rayons. Je nomme ces sols terres.

Le berceau de mes créatures prend forme. Il est bientôt prêt pour la grande étape suivante.

Je suis quand même déjà émerveillé. Quelle beauté à ce stade ! Nul ne peut contempler ce spectacle sans s'émouvoir. Partout, la beauté est signe de ma présence. C'est un souhait de ma part : je veux que quiconque contemplant ma Création s'exclame spontanément qu'elle est le signe de ma Présence.

La vie

JUSQU'À PRÉSENT, des lois physiques mettaient en branle la matière inanimée. Il est temps de franchir une étape décisive : y insuffler la vie. Si la matière inanimée est déjà un peu à mon image, bien davantage doit l'être celle de la matière animée ! Je décide donc d'insuffler une partie de mon essence à chaque chose animée. Bien sûr, plus la chose animée sera complexe, plus importante sera la part de mon essence. Ainsi, un certain équilibre sera atteint entre, d'une part, la matière animée et, d'autre part, l'essence divine de chaque être animé. Je vais aller plus loin : toutes les parties organiques seront rigoureusement régies par des lois physiques et chimiques à l'instar du reste de ma Création, mais la partie de mon essence divine relèvera exclusivement de mon don. Ainsi, nul ne pourra jamais expliquer l'essence divine à partir des lois de la Création. Ce qui est tout à fait normal puisque je suis l'auteur de la Création.

La Création est contenue en moi, pas le contraire.

Donc, sur cette Terre particulièrement belle où ne règnent pour le moment que les astres des cieux et les flots des océans, je crée la vie. Je commence par la vie végétale, peuplant à la fois les terres et les mers d'une multitude de végétaux. Leur nombre et leurs variétés sont stupéfiants. Cela va d'organismes unicellulaires d'une simplicité élémentaire à des organismes gigantesques d'une complexité incroyable.

Je ne me contente pas de créer les végétaux. Je les programme, afin qu'ils interagissent entre eux pour former un monde végétal complexe et interdépendant. Ainsi, chaque élément sera l'un des rouages de l'ensemble : bien qu'ils puissent tous être de tailles variées, chacun est nécessaire pour faire tourner le mécanisme complet.

Un couvert végétal recouvre peu à peu les terres, tandis que les mers se peuplent de forêts marines florissantes. Le soleil, source de cette vie, insuffle l'énergie nécessaire à leur croissance. En échange, les végétaux enrichissent peu à peu l'atmosphère terrestre, préparant ainsi l'étape suivante.

Ce spectacle est déjà si beau! Je ne me lasse pas de contempler ma Création partielle. Quelle beauté dans cet équilibre de vie! Quelle richesse! Il faut dire que tout respire ma présence.

Les animaux

L'ÉCRIN est prêt à accueillir le joyau. Je fais franchir à ma Création une étape décisive. Je vais créer la vie animale. Contrairement à la vie végétale, ces créatures vont être animées d'une vie indépendante et, pour la première fois dans l'univers, des créatures vont s'engendrer mutuellement, assurant elles-mêmes la descendance de leur espèce. Je leur donne une caractéristique alors unique, à savoir une autonomie, leur permettant d'évoluer dans leur milieu librement. Certes, on est encore loin de ce que je veux faire avec mon chef-d'œuvre, mais ces créatures seront leurs compagnons soumis et subordonnés. Je ne peux les mettre sur un pied d'égalité.

Je crée des milliers et des milliers d'espèces, une pour chaque milieu, pour chaque flore, pour chaque profondeur de la mer, pour chaque hauteur des terres. Elles marchent, nagent, volent ou rampent. La faune est riche et luxuriante de vie. La Terre, qui était déjà sublimée grâce à une flore bariolée et colorée, est maintenant habitée par une faune grouillante de vie. La Terre s'emplit de vie, de bruit et de mouvement.

Peu à peu, ma Création s'embellit, à tel point que chaque partie respire ma présence. Personne ne peut désormais plus la contempler sans songer à Moi qui l'ai créée. Il est impossible, sans y mettre de la mauvaise volonté, de nier que la beauté de l'ensemble, sans compter son ordonnancement sans faille, ne puisse en aucune manière relever d'une autre touche que de la mienne. Je sais pourtant pertinemment que certaines de mes créatures le prétendront un jour. Quelle tristesse ! Quel aveuglement...

Tous ces animaux qui peuplent désormais la Terre, je les dote aussi d'une essence de même nature que moi. Cette essence sera une marque légère qui leur insufflera la vie et la notion du Père. C'est tout. Ces créatures ne pourront rien en faire d'autre. C'est ma façon de leur donner la vie. Elles me serviront à leur insu, plus intelligemment que la flore, mais sans forcément en être conscientes.

Tout cela est beau

À CE STADE, je ne peux m'empêcher d'admirer mon œuvre. Quelle beauté ! En mon sein, j'ai créé un monde qui respire ma présence et d'un tel équilibre que je ne me lasserai jamais de le contempler. J'admire la précision des lois que j'ai mises en place. Il suffirait d'un micro-changement à l'échelle nanoscopique pour que tout ce bel édifice s'écroule ou n'ait jamais existé. Je l'ai fait exprès. Je veux que l'on comprenne que je suis derrière tout cela. Je veux que la beauté de la Création parle au cœur de mes créatures et que la précision d'horloger de son mécanisme interpelle son intelligence.

Je ne me lasse pas de contempler ma Création. Je m'amuse à admirer ses couleurs chatoyantes, à écouter la musique du vent dans la flore et le chant des animaux. L'ensemble forme un concert qui m'égaye au plus haut point. Ça n'a l'air de rien, mais le bruit qui se propage à la surface de la Terre est unique dans cette Création. Le vide ne propage pas le son, mais l'atmosphère, qui entoure la Terre, en plus de permettre l'apparition de couleurs chatoyantes, permet au bruit de se propager. C'est pourquoi j'ai doté la plupart des animaux d'un organe vocal, certains atteignant parfois des sommets musicaux. Cette Terre est un écrin extraordinaire où tout se coordonne pour chanter la vie que j'y ai insufflée.

Mais tout cela n'est qu'un écrin. Je poursuis un autre but, inlassablement. Plus l'écrin est fabriqué avec soin et plus le joyau que l'on va y déposer a de la valeur. Et le joyau auquel je le destine n'a pas de prix. Il sera la chair de ma chair et l'esprit de mon esprit. Il sera mon enfant et un père aime son enfant plus que tout.

L'homme

LA TERRE est désormais prête pour accueillir mon ultime créature, celle pour qui j'ai réalisé toute ma Création. Il est normal qu'elle arrive en dernier, car elle sera au sommet de ma Création : cette dernière sera tout à son service pour l'aider au mieux, afin que nous puissions partager tout cet amour dont je déborde.

J'ai d'abord créé la matière inanimée. Puis la matière animée. J'ai insufflé mon esprit partout. Ma dernière créature possédera tout cela. En plus. En mieux. Son corps sera donc issu de la terre qui lui servira de berceau. Il sera proche des animaux au sens où, comme eux, il pourra assurer lui-même sa propre descendance – privilège que mes propres anges eux-mêmes ne possèdent pas – mais, surtout, je vais lui insuffler plus qu'aux autres mon essence. Mon essence. Mon esprit. Chaque créature en sera dotée à la conception. Chacune sera unique. Mon esprit sera en elle et elle en moi. Nous serons à jamais unis. Par l'esprit, mais aussi par le corps. Je veux que chacune de ces créatures puisse avoir avec moi une relation unique et privilégiée. Je veux que l'on partage un amour si fort qu'il nous comble au-delà de toute espérance.

Mais je veux encore plus. Je veux la doter d'une indépendance totale. Hormis mon esprit que je lui donnerai à la conception et qui la reliera à jamais à moi, je veux que, pour le reste, elle ait le choix, à tout moment, de venir ou non à moi. Je veux que l'amour qui nous unit soit un amour réciproque et partagé. Qu'il soit un don. Renouvelé en permanence.

Alors, et pour la première fois, je conçois une créature totalement libre.

Comme je sais que ce cadeau sera aussi, à terme, son fardeau, j'implique toute la Création dans ce don. Je sais qu'il faudra à ma nouvelle créature une force qui lui fera forcément défaut un jour, car la liberté que je lui donne sera la cause de sa chute. Alors, je décide d'associer à chacune de ces créatures un de mes anges, afin que ces derniers – créatures parfaites s'il en est – puissent, à tout moment et en tout lieu, la soutenir, l'inspirer et la guider sur le chemin de l'amour.

Je désire avec tant d'ardeur que cette créature soit différente de toutes les autres que je la crée au plus près de ma propre image. Je veux tellement qu'elle sache que je l'aime déjà si fort. Je veux qu'elle se sente aimée et désirée.

J'appelle alors cette créature *homme*.

La femme

L'HOMME sera le chef-d'œuvre de la Création. Mais un chef-d'œuvre volontairement imparfait, pour que cette imperfection puisse lui donner l'indépendance absolue de choisir son don sans contrainte. Pourtant, cette imperfection me pèse. Je désire tant pour lui le meilleur que j'hésite à lui retirer la perfection que j'ai offerte à mes anges.

Et c'est là que j'ai la grande idée. Cette perfection, je vais la lui offrir. Il ne la pos-sédera pas en lui, à l'instar de mes doux anges, mais il l'atteindra grâce à sa compagne. L'un et l'autre seront imparfaits. Mais la somme des deux, ou plutôt l'union des deux, sera la clé de la perfection. En eux, ils posséderont la clé de l'amour divin, donc du chemin intime qui nous reliera tous les trois.

Ainsi, le trait mâle-femelle, qui était un caractère intéressant de l'animal mais somme toute limité, va devenir chez l'homme son trait fondamental. Je vais bénir chaque union d'un homme et d'une femme afin que chaque couple soit le lieu privilégié de notre amour.

Pour cela, je décide d'aller beaucoup plus loin dans la création de l'homme et de sa compagne. La différence sexuelle sera bien sûr évidente au premier abord. Mais je leur donne beaucoup plus : chacun possédera la moitié du tout qui est Moi, de mon image. Chacun aura une part bien différente. Il faudra donc une fusion très intime pour que chaque part puisse former, à nouveau, un tout. Et, pour le coup, totalement à mon image.

La femme et l'homme auront donc des traits radicalement différents, mais complémentaires. Il leur faudra ensuite puiser au fond de leur union pour trouver cette intimité qui nous relie tous les trois.

Je crée donc la femme comme le complément indispensable à la perfection de l'homme. Et je bénis de tout mon cœur cette union : je la désire aussi forte que mon amour envers chacun d'eux, afin que nous trouvions cette communion parfaite d'amour. Je veux cette union aussi solide qu'indestructible, car l'amour est une perfection qui émane de moi et il n'est pas concevable que l'amour puisse être médiocre, imparfait ou limité.

Je contemple la femme. Comme je suis heureux de l'avoir créée ! Qu'elle est belle, cette compagne de l'homme ! Comme elle le complète parfaitement et harmonieusement !

Jouissance parfaite

À PARTIR DE LÀ, tout est en place. Ce qui a mis des milliards d'années à l'échelle humaine n'a duré qu'un instant pour moi. Je peux enfin savourer ce moment exceptionnel.

Pour la première fois dans toute mon histoire, une créature m'accompagne librement. Nous jouissons d'une entente parfaite. L'amour qui unit l'homme et la femme est totalement partagé avec moi. Nous sommes au-delà du bonheur : rien n'est plus parfait que notre relation.

Je vis en permanence au milieu d'eux, mais sans les déranger : l'homme et la femme cultivent avec soin nos relations exceptionnelles. Elles sont tout autant des relations personnelles et intimes l'un avec l'autre que des relations partagées tous les trois. Pas de jalousie entre nous : le plaisir et le bonheur que l'un éprouve avec moi suffisent aussi à combler l'autre. C'est l'union parfaite. D'autant plus parfaite qu'elle est désirée en permanence. L'homme et la femme sont libres ou non d'entretenir cette relation. Et ils ne se cachent pas de le faire. Ce renouvellement volontaire et perpétuel me comble au plus haut point. La Création – ma Création – est à son point culminant.

Premiers nuages

MAIS DE LA MÊME FAÇON que j'ai associé les anges aux hommes et aux femmes de la terre afin de les aider et de les soutenir, j'ai laissé agir les démons. Je les ai autorisés à sortir de l'Enfer. Il peut sembler incongru d'avoir laissé ces êtres malfaisants interagir avec la Création. Mais si l'homme et la femme doivent pouvoir disposer de leur libre arbitre, il faut bien qu'ils soient en demeure de faire un choix. Or, pour choisir, encore faut-il connaître les différents points de vue !

Il n'est pas concevable que je puisse présenter à mes créatures celui des démons. Il est l'exact opposé de ce pourquoi j'ai créé l'homme et la femme. Il serait impensable que je leur présente une idée qui irait contre leurs intérêts, car l'amour qui nous unit est le sommet du bonheur qu'elles peuvent connaître : je les ai créées ainsi. Je ne peux donc pas leur faire valoir le contraire sans leur faire du mal, moi qui ne veux que leur bonheur.

J'ai donc utilisé ces créatures dévoyées afin de remplir cette mission. Malgré elles, malgré toute la haine qu'elles éprouvent envers moi, elles vont me servir au-delà de l'imaginable : elles vont rendre possible un véritable choix pour l'homme et la femme. Et ce choix assumé sera donc le cadeau le plus merveilleux que je puisse leur offrir après mon amour.

Ainsi, dans cette mécanique admirable et parfaite qu'est la Création se côtoient à nouveau dans le monde invisible les anges et les démons.

Ma proximité avec l'homme et la femme leur rend la part invisible de la Création très accessible. Qui me côtoie intimement côtoie naturellement l'invisible. La frontière n'est donc pas marquée entre le monde visible et invisible, la communication entre les mondes est aisée.

Pour le meilleur. Et pour le pire.

La chute

LE TEMPS ne compte pas pour moi. Pourtant, j'ai presque l'impression de vivre dans le temps. Je sais bien que l'avenir sera fort différent, alors j'en profite. L'amour que nous partageons tous ensemble me comble. J'en fais une provision pour la suite. Je vais en avoir besoin.

Lucifer se déchaîne contre ma Création. Il n'a aucun pouvoir directement sur la Création en elle-même : elle est trop autonome.

Lucifer n'est pas assez puissant pour transformer la part visible de ma Création. Pourtant, il se concentre sur l'homme. Il sait combien je l'aime. Il jalouse cet amour exclusif. Bien qu'il ne désire plus l'amour. Mais la haine qu'il me porte se reporte sur l'homme. Son unique obsession est de nous séparer.

Je l'observe. Je pourrais l'arrêter d'un geste et le renvoyer en Enfer. Je n'en fais rien. Cela contreviendrait gravement à la liberté envers l'homme. Je ne peux m'y résoudre. J'enfermerais alors l'homme dans un cocon protecteur qui amoindrirait son pouvoir de choisir librement. Ce faisant, je lui ôterais toute justification existentielle.

Alors, je laisse agir Lucifer. Sa tentative de séduction est horrible. Cet être pervers n'a même pas le courage de ses actes. Il ne se présente pas sous ses traits. Il se dissimule sous l'apparence d'une de mes créatures pour inspirer confiance. L'homme et la femme vivent en harmonie avec toute la Création. Ils ne se méfient pas.

Pourtant, je les ai prévenus. Je leur ai dit de faire attention, car il y avait un danger. Jusqu'à présent, ils m'ont cru. Mais le Démon est malin. Sans cesse, il revient à la charge. Sa tentative de séduction se renouvelle, encore et encore. Si bien qu'il finit par instiller le doute chez la femme. Elle s'en ouvre à l'homme. Qui finit par douter aussi. Le doute n'est pas grave en lui-même. Il le devient si le fruit du doute brise le lien de confiance.

Et c'est le cas. Ils doutent si fort qu'ils finissent par me rejeter. Ils entrent dans un cercle vicieux. En doutant, ils ont brisé le lien qui nous unissait. En brisant le lien, ils ont douté davantage. Désormais, ils sont loin. Ils me fuient. Ils se cachent. Ils ont peur.

Tout cela, je savais que cela arriverait un jour. Fatalement. La liberté, c'est aussi la liberté de chuter. J'y suis préparé depuis toujours, car j'ai créé cet homme et cette femme avec cette possibilité. Et s'ils n'avaient pas chuté eux-mêmes, cela aurait été leurs enfants. Ou bien leurs petits-enfants. C'était inévitable : cela devait arriver.

La douleur partagée

CETTE CHUTE inévitable n'est rien. Elle était inscrite dans le cours des choses : elle devait donc arriver. Mais j'attends une réaction de l'homme et de la femme. J'attends qu'ils viennent me retrouver et me demander de les aimer comme avant. Mon amour est infini : il est prêt à tout pardonner. Tout. Il suffit de me le demander et je le donnerai. Encore faut-il me le demander ! Je ne peux l'imposer, car je ne peux m'imposer : un amour ne peut qu'être donné. J'ai créé des règles que je ne peux violer sans détruire l'essence même de mes créatures. Elles sont libres. Donc je ne peux les forcer à m'aimer malgré elles. Ou plutôt, contre elles.

Pourtant, je tends la main en premier. Je ne peux me résoudre à les laisser souffrir ainsi. Le lien qui nous unissait était la source même du bonheur. Elles ne l'ont plus. Alors, je viens les voir pour réparer, pour les consoler. Elles se cachent. De honte. De crainte. Quand on aime, on veut toujours le meilleur pour celui qu'on aime. Je voudrais tant que l'homme et la femme reviennent. Mais ils ne le font pas : ils me fuient. La honte les submerge. Ils ne sont plus capables de raisonner.

Alors je viens. Je me présente comme avant. Je ne veux pas me mettre en colère. Je leur prépare un terrain doux et aimable. Ils n'ont qu'à saisir au vol ma main tendue. Je n'en demande pas plus. Venez, venez à moi...

Mais rien n'y fait. Ils viennent parce que je suis devant eux. Mais leurs yeux sont baissés. Pourtant, rien n'est perdu. Encore une fois, je fais le premier pas. Mais ils n'accrochent pas mon regard. Comble d'horreur, ils tentent de mentir. Pour la première fois, entre nous, non seulement la confiance est rompue, mais il s'instaure autre chose. Le démon a semé les germes de la discorde. Ils sont en train d'éclore. L'amour disparaît au profit de la gêne, du mensonge et de l'esquive. Pourtant, je peux encore tout balayer et tout restaurer. Il suffit d'un simple geste. Une simple parole.

Une pensée même. Tout cela suffirait.

Mais rien. Rien. Rien du tout. L'homme et la femme s'enferment dans leur mensonge. Je ne peux rien faire de plus sans les trahir et sans transformer leur humanité, leur essence profonde. Leur choix s'impose à moi. Je ne peux les contrarier sans contrevenir à la Création tout entière.

Alors la tristesse me submerge. Autant la joie de nos amours partagées était une source infinie de bonheur, autant leur rejet nous plonge dans une relation chaotique et douloureuse. Je suis vraiment peiné. Jusqu'au bout, j'ai tenté de réparer pour eux. Afin qu'ils comprennent que la puissance de mon amour peut dépasser tout ce qui est imaginable. Mais ils n'ont pas cru. Ils n'ont pas eu la foi. En moi, qui suis Tout. En moi, à qui ils doivent pourtant tout…

La rupture

JE N'AI PAS EU BESOIN de les chasser aux confins de la Création comme je l'avais fait pour les démons. L'homme et la femme s'en sont exclus d'eux-mêmes. De leur propre chef, ils l'ont transformée. Tout reposait sur l'entente parfaite qui nous unissait. En détruisant ce lien intime, la Création entière en est profondément marquée.

De fait, elle s'écroule : l'harmonie admirable qui régnait jusqu'à présent n'est plus qu'un lointain souvenir. Tout respirait ma personne dans la Création. Mon Fils avait posé sa parole partout et l'Amour enveloppait le tout maternellement. D'un coup, l'invisible, auparavant si prégnant, devient inaccessible aux sens des créatures visibles. Un schisme s'établit. Pour le plus grand bonheur de Lucifer qui continue à interagir avec le monde visible. Si j'osais un jeu de mots malheureux, je dirais qu'il est aux anges !

La rupture est consommée. La Création a profondément changé. Cela semble si irréversible qu'il y règne une atmosphère sombre, en totale opposition avec la précédente, faite de joie et de bonheur.

Je ne peux m'empêcher de ne rien regretter. Si je n'avais pas tout donné à l'homme et à la femme, alors nous n'aurions jamais connu ce bonheur ineffable qui nous a unis tout ce temps.

On pourrait croire qu'ils sont heureux ainsi malgré tout. Mais je connais le cœur et les reins de toute créature. Et je vois l'amertume de l'homme et de la femme. Ils sont immensément malheureux. C'est normal : ils ont connu le bonheur ultime dans notre relation d'amour. Tout le reste ne peut être que fade. Pire encore : le souvenir peut devenir encore plus destructeur pour leur nouveau présent. Leur bonheur passé ne souffre d'aucune espèce de comparaison avec leur vie présente. Et chaque souvenir les plonge davantage dans le regret. Je sens en eux cet immense besoin de revenir. Et, pourtant, ils n'osent toujours pas me le demander !

Quelle pitié quand même !

Alors, mon cœur débordant d'amour saigne abondamment. Ma compassion infinie ne peut s'empêcher malgré tout de tenter quelque chose pour eux.

Pour leur bien. Pour les sauver.

La rédemption

MON FILS me regarde. Depuis le début, nous savons. Nous étions préparés. Pourtant, nous allons faire quelque chose d'insensé pour l'Homme. Et il faut bien l'avouer, pour nous aussi. Comment un jour quelqu'un pourra imaginer que, pour consoler et sauver une bien faible créature, mon Fils viendra prendre la condition de cette créature ? Lui qui en est l'auteur s'incarnera dans sa propre Création ! Lui qui est perfection et qui n'a pas de limites va entrer dans

le moule bien étroit et limité d'un corps humain. Non, cela n'a pas de sens. Du moins, cela n'en a pas si l'on ne connaît pas l'amour.
L'amour donne du sens à toute chose et à ce
geste en particulier. Car ce geste sera le syno-
nyme de l'amour ultime, celui qui passe par
le don total et absolu. Nul ne pourra jamais
le comprendre sans le relier à l'amour. À l'a-
mour. Je suis l'Amour. Nul ne pourra donc jamais le comprendre sans le relier à moi.

La chose est entendue. Il ne me reste plus
qu'à l'annoncer. Alors, je descends à nouveau
rencontrer l'homme et la femme. Ils ont bien
changé. En me reniant, ils ont perdu l'éclat
lumineux de leur corps, au profit d'un épi-
derme bien terne. La transformation de la
Création les a bien marqués. Désormais, l'absence d'harmonie rend chaque geste coûteux,
en effort et en fatigue. Ils connaissent désormais la faim et la soif. Mais aussi la douleur.
Et cela les éprouve au plus profond de leur
chair.

Je ne peux m'empêcher de les prendre en
pitié. Leur nouvelle condition me touche da-

vantage. La peine qu'ils m'ont faite n'a pas changé l'amour que je leur porte. Cela renforce encore ma détermination à les aider. Et ma compassion n'a pas de limite.

Alors, je leur annonce la *Bonne Nouvelle*. Je leur annonce que mon Fils va venir pour les sauver afin de renouer le lien entre nous. Aussitôt, une flamme s'allume dans leurs yeux. Une flamme qui porte un joli nom et qui n'avait pas de consistance jusqu'à présent. Elle s'appelle *Espérance*. Et elle va changer leur vie. Elle a déjà changé leur vie. Elle allume aussitôt la flamme de la *Foi*.

À ce moment-là, Lucifer vient de perdre la partie. Définitivement. Il ne le sait pas encore, mais la *Bonne Nouvelle* a jeté les bases d'une nouvelle Création qui aboutira au retour définitif de l'homme à mes côtés.

Mais le chemin sera long. Très long. Je l'explique à l'homme et à la femme. Je leur explique que, désormais, ils vont devoir cheminer pour retrouver l'intimité extraordinaire qui nous unissait. Il va leur falloir traverser bien des épreuves pour y arriver et produire un effort surhumain pour s'approcher de ce qui les attire irrémédiablement. Et, surtout, ils vont désormais vivre dans le monde qu'ils ont transformé, peinant pour arriver à leur fin, connaissant la douleur, la maladie mais aussi la mort de leur corps.

Le grand départ

JE REGARDE l'homme et la femme partir avec le fardeau de leur nouvelle vie sur leurs fragiles épaules. Ce sont mes enfants. J'ai un pincement au cœur, car je connais à l'avance combien la route sera longue. Et encore, pour eux, ce sera plus facile que pour les suivants. Ils gardent la vision de ma présence et du bonheur de notre amour. Cela va les porter dans leurs épreuves. Mais leurs enfants, petits-enfants et tous leurs descendants ne me connaîtront pas directement. Quelles épreuves en perspective ! Quels doutes surtout !

Pourtant, je ne peux me résigner à les abandonner à leur sort. L'Amour qui nous unit avec le Fils descend donc habiter la Terre pour les accompagner. Je veux qu'en permanence les hommes puissent m'invoquer et compter sur mon soutien. Je veux qu'ils comprennent que je serai toujours avec eux : je n'ai besoin que d'un minuscule signe de leur part. Je ne suis pas exigeant. Je désire tant leur bonheur, car je les aime comme mes enfants. Car ce sont mes enfants.

Hélas, mille fois hélas, le loup est entré dans la bergerie. Et, lorsqu'on dévale une pente savonneuse, il est très difficile de la remonter. L'homme s'est placé de lui-même sur un toboggan périlleux ! Alors la chute n'en finit pas. L'homme étrenne peu à peu toutes les abominations que lui soufflent les démons. Car ils ne chôment pas, les misérables ! Toutes les inspirations diaboliques sont bonnes pour pervertir mes enfants. Et mes anges ont toutes les peines du monde à les contenir. La Création craque de toutes parts.

Le premier meurtre me peine très profondément. D'autant plus que, pour ajouter à l'ignominie de l'acte, il s'agit d'un fratricide. On est déjà aux antipodes de mon amour. Et pourtant, tout est possible pour arrêter cette chute. Un geste vers moi. Une pensée. Et je serai là. L'Amour les soutiendra. Mon Fils aussi. Nous serons là pour les soutenir. À tout moment. En tout lieu.

Remise à zéro : la colère

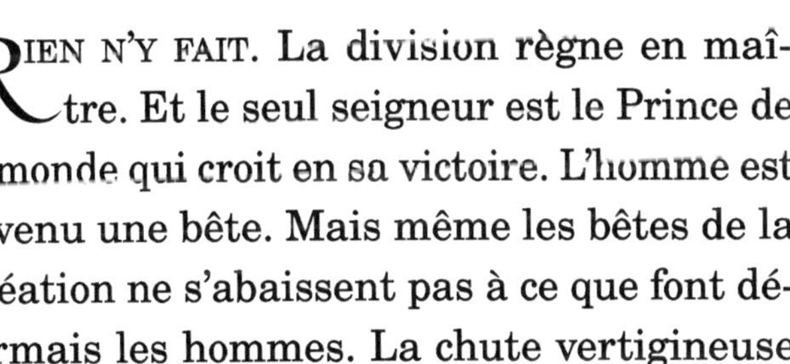

RIEN N'Y FAIT. La division règne en maître. Et le seul seigneur est le Prince de ce monde qui croit en sa victoire. L'homme est devenu une bête. Mais même les bêtes de la Création ne s'abaissent pas à ce que font désormais les hommes. La chute vertigineuse voulue par l'ange déchu n'en finit pas de les éloigner de moi.

Et pourtant, je sonde. J'envoie des signaux. Je suis toujours là. Au mieux, on m'ignore. Au pire, on me rit au nez. Et malgré cela, l'homme plonge dans les entrailles de la souffrance. Plus rien ne lui convient désormais : il souffre plus que tout et plus il souffre, plus il chute, avec l'idée insensée que ses excès arrêteront sa chute.

Il suffirait pourtant d'un geste. D'un seul geste pour arrêter la chute.

Mais ce geste, l'homme ne veut pas le faire. Il est ébloui. Ou plutôt, il veut bien s'éblouir, s'arrêtant aux sirènes d'un monde qui l'empêchent de s'ouvrir à autre chose que le débordement de ses sens. Et là encore, même ses sens le trompent. Sa conscience, unique dans la Création, lui sert seulement à s'éloigner de moi, le plus possible. Rien ne semble l'empêcher.

Pourtant, il existe un groupe qui résiste tant bien que mal. Il tente de se rappeler les jours heureux et se souvient de ma promesse de revenir les sauver. Le discours de ces hommes est inaudible aux autres. Bien au contraire, au rappel de cette ultime parcelle de vérité, les autres se mettent en fureur. Cette furie les pousse alors à les chasser. Et à tenter de les tuer.

La lutte est inégale. Le nombre des assaillants est infiniment supérieur à celui des résistants. Mathématiquement parlant, ces hommes qui me sont restés fidèles sont condamnés. À plus ou moins long terme.

J'hésite. Je tergiverse. Je ne dois pas intervenir tout de suite. Mon Fils va venir bientôt. Il est trop tôt pour changer les choses. L'homme doit tant réapprendre avant son retour. Je veux le préparer, sinon sa venue ne servira à rien.

Que faire? La haine est si présente que tout peut basculer. La Création est au bord de l'anéantissement. J'attends encore, mais rien n'y fait. Chaque jour, des hommes qui me sont fidèles tombent sous les coups de boutoir de ceux que je ne peux désormais plus qualifier ainsi. Ils ne partagent en effet plus grand-chose avec mes fidèles. Invertis, pervers, violeurs, tueurs, cruels, démoniaques, sanguinaires, cannibales… La liste des perversions est presque infinie : rien ne les arrête, rien ne les rebute.

Alors, d'un coup, la colère me prend. La Création était une merveille. Ils ont tout brisé et perverti. De la beauté du monde, il ne reste que la noire laideur du démon! J'en ai assez. Ma patience n'a que trop duré. Désormais, c'est de mon courroux dont ils vont subir les conséquences douloureuses.

Noé

JE M'ADRESSE à mon peuple fidèle. Son chef s'appelle Noé. Je me présente à lui. Pour la première fois depuis les origines, je reparle à un homme. Il m'est resté fidèle. Malgré tout, il est effrayé. L'homme a perdu l'habitude de me sentir aussi proche de lui. C'est normal. Dans le monde chaotique dans lequel il vit, je représente quelque chose de si différent. Le choc est violent.

Mais Noé est un homme juste et courageux. Il se reprend. Je le soutiens. Il me comprend. Pourtant, quand je lui expose mon plan, il est à nouveau pris d'effroi. Cela lui parait insensé. C'est normal. L'homme a perdu le sens de ma mesure. Malgré tout, il se reprend : il me fait confiance. Il croit depuis si longtemps que la confiance qu'il me prodigue aujourd'hui est le fruit d'années de croyance dans un monde où elle n'avait plus de place. Envers et contre tout.

Alors, il accepte ce que je lui demande. J'exige qu'il construise un abri pour lui et sa tribu. Et une grande quantité d'animaux. Il obéit. Pourtant, il sait que c'est impossible. Que cela ne marchera pas. Il n'a pas les connaissances et le savoir-faire pour construire un tel asile. Sans compter la proximité hasardeuse de tous ces animaux. C'est impossible. Humainement impossible.

Mais cet homme tient bon. Il croit en moi. Cela me rassure. L'homme tel que je l'ai créé et surtout tel que je l'ai profondément désiré existe toujours. Par sa foi et sa confiance, Noé rattrape tant d'erreurs, tant de désastres.

Alors, fidèlement, il construit. Mois après mois, il construit. Sa tribu est à l'œuvre. Je lui inspire ce qu'il faut faire pour l'aider à réaliser mes plans. Et, avec patience et confiance, il s'applique de son mieux. Quel bel exemple ! Il concentre tout ce que je demande à l'homme. Faire de son mieux... Combien ne comprendront pas cette seule exigence que j'ai envers eux ?

Quelle joie de partager à nouveau une relation profonde avec les hommes. J'avais presque oublié combien cela était beau et bon.

Mais le temps presse. Les hommes sanguinaires autour de la tribu de Noé deviennent de plus en plus pressants. Noé ne peut se permettre de perdre trop de temps, sinon sa tribu et lui se feront exterminer. Ils excitent tant la convoitise de ces hommes perdus. Leur foi est une incongruité dans ce monde de perdition. Elle le sera d'ailleurs toujours. Rien n'arrêtera plus désormais ces hommes sanguinaires !

Et c'est donc lorsqu'ils décident de les atta-quer que Noé finit son abri. Il la nomme arche.

Le déluge

POUR LA PREMIÈRE FOIS depuis la Création, j'interviens directement. Je détourne les lois immuables que j'ai créées pour transformer le monde. Dans un premier temps, je redirige un certain nombre d'animaux vers l'arche de Noé. Je leur retire les animosités respectives qu'ils avaient acquises bien malgré eux depuis que l'homme avait perverti la Création. Cela leur permettra une proximité pendant leur exil.

Ensuite, je détourne à nouveau les lois de la nature. Je crée une gigantesque tempête sur la Terre. Ce n'est pas difficile. Je n'ai que l'embarras du choix. Un météore géant dans l'océan. Qu'importe. J'accumule une telle quantité d'eau dans l'atmosphère qu'elle mettra des mois à retomber.

Alors, pendant des semaines et des semaines, il pleut. Partout. À jamais dans la mémoire des hommes, ce déluge ininterrompu restera comme une trace indélébile. La Terre en gardera des stigmates ineffaçables comme preuve pour les générations futures. Partout, les eaux recouvrent les terres. La Terre retrouve peu à peu sa forme originelle. Ne subsistent çà et là que de rares terres émergées, vestiges d'un passé montagneux.

Tout ce qui peuplait la Terre disparaît. Peu ou prou. Les hommes qui n'en étaient plus aussi. Je vois ainsi mon chef-d'œuvre s'en aller. Je suis partagé. Entre la colère et le soulagement. Je suis en colère d'en être arrivé là. Mais soulagé pour les hommes qui restent. Ceux-ci m'aiment déjà. Certes, nos relations sont encore fragiles et loin d'égaler celles de leurs premiers ancêtres. Mais je les sais sur la bonne voie. Je vois clairement poindre l'aube d'une humanité nouvelle.

Alors je fais cesser ces trombes d'eau. Le ciel se dégage de ces masses sombres de nuages et le soleil darde alors les flots de ses rayons brûlants. Peu à peu, l'atmosphère se réchauffe et les eaux se retirent. Lentement. Les terres émergées sont de plus en plus nombreuses.

C'est ce moment que je choisis pour libérer Noé des flots.

La première alliance

NOÉ EST HEUREUX de retrouver la terre ferme. L'homme et la terre entretiennent depuis toujours une relation quasi charnelle. Et il en a été privé trop longtemps. Il en a souffert, comme les hommes souffriront toujours d'en être dépossédés.

Bien que tout à la joie de participer à cette fête, il y a pourtant quelque chose qui gâche mon plaisir. Le souvenir de ma colère m'indispose. Je sais que j'ai eu raison d'agir ainsi. J'ai sauvé la dernière parcelle d'humanité sur la Terre. Pourtant, le souvenir des autres hommes me hante. N'aurais-je pas dû intervenir contre leur liberté pour les sauver malgré eux? J'ai agi avec justice. Et justesse. Mais j'ai quand même du regret. Tant d'hommes perdus. Je sais bien que c'est de leur faute. Mais quand même!

Je tire de cette tristesse une promesse. Jamais plus je ne me mettrai en colère de façon destructrice envers l'homme. Devant Noé, j'en fais la promesse solennelle. Je déclare aujourd'hui une alliance indéfectible entre l'homme et Moi et je le jure. Tout cela est bon et va dans le bon sens. Plus jamais les hommes n'auront à craindre pour leur vie devant ma colère. Même si elle est légitime. Même si je connais les dégâts abominables que certains commettront par la suite.

La Création repart de plus belle après le déluge. La population des hommes croit à nouveau à la surface de la Terre. Ainsi que la flore et la faune. Quelque chose a changé. Les hommes sont tous issus d'une tribu qui m'était restée fidèle. Comme les premiers hommes descendaient d'Adam. Mais le lien avec moi se distend désormais, différemment.

Bien sûr, Lucifer ne lâche rien. Il redouble d'efforts pour détourner les hommes de mon amour. Et, encore une fois, il réussit souvent. Mais, désormais, la notion de Dieu semble ancrée dans les hommes. En se détournant de moi, ils créent des idoles qui sont une substitution de ma personne. On ressent chez eux ce besoin inextinguible de se relier à cet univers invisible dont ils ont perdu les clés. Et on ne peut expliquer cette attitude par la peur de ne pas comprendre le monde qui les entoure. Il s'agit bien d'une racine profonde ancrée en eux.

Je pourrais en être jaloux. En vérité, je le suis bien un peu. S'éloigner de moi pour tenter maladroitement de me réinventer plus loin est une bêtise qui me blesse. Mais, à tout prendre, je préfère encore ce geste à la décadence ignoble des temps précédant le déluge. Et puis, il y a beaucoup d'ignorance chez ces hommes-là. Ceux qui ont hérité de parents qui m'ont rejeté ne m'ont jamais connu. Et leur dévotion envers leurs idoles est sincère. À défaut d'être productive. Il faudrait finalement si peu de choses pour qu'ils se tournent à nouveau vers moi. Qu'on puisse à nouveau s'aimer.

La division

MAIS RIEN N'Y FAIT. Les nouveaux hommes croissent en nombre, mais leur détachement de moi s'accroît tout autant. Le nouveau Prince de ce monde a bien travaillé. Les hommes ont suivi. Tous. Enfin, presque tous. Au début, ce n'était qu'un léger éloignement. Désormais, ils me renient ouvertement. Quelle peine cela me cause ! Quelle douleur ai-je à supporter ! Pourtant, j'ai béni tous ces hommes. À chaque naissance, j'ai insufflé la vie dans leur âme. Je les ai tous façonnés à mon image. Mais ils n'en veulent pas.

Ils réfutent cette image que j'ai tendrement déposée en eux. Ce trésor dans lequel ils auraient pu puiser sans réserve. Mais ils dénigrent aussi mon image dans le cœur des autres hommes. Ce n'est désormais que rivalité et opposition. La famille même, au sein de laquelle j'ai placé tout mon amour, est déchirée de toutes parts. Il n'existe qu'individualisme et égoïsme. Tout cela me peine au plus haut point. J'en viens désormais à n'espérer trouver que de minuscules traces résiduelles de cet amour pour ne pas les abandonner. Mais même ainsi, je ne trouve souvent rien.

Et pourtant, l'entente existe toujours entre les hommes. Ils en sont capables. Pour aller contre moi. Réunis, ils décident de me défier. Après m'avoir totalement laissé tomber, ils retrouvent curieusement une foi inattendue. Lors d'un défi. Ils se rassemblent pour construire une gigantesque tour qui sera le symbole de leur toute-puissance. Il n'est pas nécessaire d'être tout puissant pour voir derrière ce projet les manigances du Prince de ce monde. Après avoir échoué contre les anges, il tente désormais de prendre sa revanche avec les hommes.

Je suis autant en colère que peiné. Quelle tristesse tout de même ! Cette liberté si belle que j'ai donnée à tous ces hommes, ils ne s'en servent que contre moi. La seule union dont ils sont désormais capables, c'est pour se tourner contre moi. J'en suis profondément peiné. Mon chagrin ne connaît pas de limites. Et pourtant, tout cela, je l'avais vu. Je savais que cela arriverait. Mais j'espérais malgré tout que ce don de la liberté pourrait les aider à ne pas chuter vers ce destin malheureux. Il suffirait d'un rien pour tout faire basculer.

Alors je décide d'intervenir. Je ne peux laisser les hommes chuter. Je dois les aider. Mais toujours sans contrevenir à leur liberté. Puisqu'ils ne veulent plus vivre tous ensemble, alors je crée entre eux des divisions. Chaque homme vivra désormais non seulement dans sa famille, mais en plus dans une tribu. Et chaque tribu s'installera dans une région. Les hommes s'attacheront à leur région, à leur tribu, à leurs coutumes et à leurs langues. Elles seront ainsi une part de leur identité. Ils ne pourront désormais plus s'unir tous contre moi. Contre l'amour. Ils vont pouvoir graduellement redécouvrir l'amour. À leur échelon. À leur niveau. Sans être parasité par la masse entière qui impose ses vues en faisant fi de l'individu. Cet individualisme forcené orienté vers la haine, je le transforme en un individualisme de tribus. Ils pourront, s'ils le veulent, se tourner à nouveau vers l'autre à une échelle plus petite. Plus humaine.

Du moins, ils le peuvent désormais. Mais le feront-ils ?

Abraham :
la seconde alliance

JE POURRAIS choisir n'importe quel homme pour recréer notre lien. Mais je ne peux pas être injuste. Il existe des hommes qui me sont restés fidèles. Je ne peux décemment les ignorer. Ce serait faire preuve d'injustice. Leur amour est sincère. D'autant plus qu'il est pour le moment un peu à sens unique. Ils m'aiment. Mais ils ne voient pas que je les aime. Leur amour est donc encore plus édifiant… Cela tempère tant mon chagrin !

Il y a un homme qui me plaît vraiment. C'est un vieillard à l'orée de sa fin. Sa femme et lui arrivent au bout de leur long chemin terrestre. Toujours ils ont cru en moi. Jamais ils ne m'ont fait défaut. Quelle fidélité dans un monde où ma présence n'est pas évidente ! Ils ne se doutent de rien, pourtant je vais initier avec eux un cycle qui se terminera avec deux autres vieillards. Qui, comme eux, donneront naissance à un enfant dont l'un sera le premier d'une lignée et l'autre le dernier. Une lignée que je veux mettre en place. Non pas pour créer une élite au sein des hommes. Mais pour recréer ce lien qui me fait tant défaut avec les hommes d'aujourd'hui. Par la suite, je l'étendrai à toute l'humanité.

Cette lignée sera mon peuple. Le peuple que je destine à cette grande tâche. Mais ô combien elle va être source de difficultés. Le lien est si distendu qu'il faudra des milliers d'années d'accompagnement pour arriver à cette fin, afin que mon Fils puisse arriver sur terre au milieu d'hommes préparés à le recevoir et à m'entendre proclamer mon amour pour eux.

Mais le chantier est vaste. Et semble impossible à réaliser. C'est pourquoi je l'entreprends, car rien ne m'est impossible.

Alors, je choisis ce couple de vieillards. Abram et Sarah… à l'orée de leur fin. Le symbole est fort. Je veux qu'on me comprenne bien. Aujourd'hui. Demain. Je montrerai beaucoup de choses. Mais j'en laisserai aussi beaucoup sous-entendues afin que l'on sente bien que le symbole est important et que finalement, la puissance – ma puissance – n'est rien sans le but que je vise. Les hommes mettront des milliers d'années à comprendre. Même après l'arrivée de mon Fils... mais n'anticipons pas trop !

Pourquoi l'orée de leur fin ? Parce que je veux des gens forts. Et donc éprouvés. Ils m'ont été fidèles dans les épreuves de leur longue vie. Malgré leur infertilité, plutôt que de se renfermer dans un sentiment d'injustice, ils m'ont aimé sans relâche. Si l'homme savait combien son amour m'est important. Et quand l'amour est celui d'une famille, il me comble au plus haut point. Quand l'union d'un homme et d'une femme engendre autant d'amour, je suis auprès d'eux à un point qu'ils n'imaginent pas. Quel bonheur à partager !

Pourquoi l'orée de leur fin ? Parce que je veux montrer que rien ne m'est impossible. Que les limites que connaissent les hommes ne sont pas mes limites. Et, surtout, je veux

que la naissance de mon peuple soit un évé-
nement extraordinaire.

Je veux que ce peuple me soit cher. Alors
j'y implique toute la Création. C'est pourquoi
ce n'est pas moi qui vais d'abord faire con-
naissance d'Abram. J'envoie pour la première
fois mes anges. Désormais, les anges seront
aussi mes messagers auprès des hommes. Et,
comme la mission est extraordinaire, je man-
date les plus fidèles parmi les plus fidèles. Ce
sont mes archanges qui s'en chargeront.

Mes anges ne se présentent pas comme
tels devant Abram : ils revêtent une apparence humaine. Selon les règles d'hospitalité
des lieux, mais surtout avec le cœur qui le ca-
ractérise si bien, Abram les reçoit chez lui.
Quand mes anges lui annoncent la naissance
d'un fils – naissance qu'Abram et Sarah ont
tant espéré – Sarah ne peut s'empêcher de
s'esclaffer. Il est vrai que la situation semble
pour le moins cocasse. Des inconnus sortant
d'on ne sait où annonçant qu'une très vieille
femme qui n'a plus beaucoup de temps à vivre
va mettre au monde un fils l'année suivante.

Absurde selon les critères humains, assurément. Mais je suis tellement loin de ces critères !

Je n'en veux pas à Sarah pour ce manque de foi. Elle ne sait pas encore qui je suis. La transmission depuis Adam fut longue et laborieuse. Les hommes ont tant à réapprendre pour me connaître. Je ne peux décemment pas le lui reprocher ! Plus tard, ce sera différent... mais je leur aurai alors donné ce qu'il faut.

Ce fils va être l'occasion unique de confirmer l'amour que me porte Abram. Je lui demande de l'immoler pour moi. Les mœurs de l'époque sont rudes et les sacrifices humains restent courants. Sans tomber dans les horreurs toutefois des temps d'avant le déluge. Pourtant, cela me révulse profondément. Je profite seulement du contexte pour m'assurer de l'amour d'Abram. S'il est capable de me faire confiance jusqu'à cet acte totalement insensé, je pourrai m'appuyer sur lui définitivement. Et cet acte, il le commet. Bien sûr, je l'arrête à temps : je ne peux supporter qu'un innocent – encore moins un enfant, fruit béni d'un homme et d'une femme – puisse souffrir par ma faute.

Alors, devant cet acte d'amour qui scelle désormais définitivement notre alliance, je fais serment devant Abram de lui confier la destinée de mon peuple qui accueillera mon Fils. Je lui donne la région dans laquelle ce peuple devra prospérer. Et, pour marquer le coup, je rebaptise Abram en Abraham, celui qui sera le premier patriarche de mon peuple. Ce baptême sera désormais la norme pour les hommes qui m'aiment afin qu'ils soient marqués du sceau de ma famille.

Un peuple à apprivoiser

POUR LA PREMIÈRE FOIS depuis la Création, je revis pleinement avec un peuple d'hommes et de femmes. Ils ont la chance de pouvoir m'interpeller et me parler. Même si je réserve souvent la discussion à un nombre restreint d'entre eux afin d'améliorer la qualité de la transmission. Les hommes et les femmes peuvent ainsi se tourner vers ces élus pour répondre à leurs interrogations et s'assurer qu'ils sont bien sur la voie qui mène à moi.

Mais que ce dialogue est difficile ! Des milliers d'années de solitude ont créé chez l'homme un vide difficile à combler. Combien de concepts très basiques ne sont pas maîtrisées ? Abraham aurait dû se révolter contre moi à l'idée que je pusse lui demander de faire couler le sang de son fils, par exemple. Mais la culture de cette époque est rude, très rude. Les mœurs sont violentes et l'amour a du mal à se frayer un chemin.

A contrario, l'amour parachuté dans ce milieu serait incompris. Totalement. Je dois faire preuve de patience. Et surtout tout reprendre à zéro. Ils sont redevenus des petits enfants sur l'amour. Les hommes doivent tout réapprendre patiemment. Je vais m'y employer.

Encore une fois, l'envie me prend d'arriver directement à mes fins. Combien d'hommes vont tomber avant de me connaître ? Je ne peux me résoudre à les abandonner ainsi. Je décide donc de n'en abandonner aucun. Et de garder autour de moi tous ceux qui auront tenté dans leur vie de vivre droitement. Si possible avec amour. Les hommes ne sont pas responsables du lieu de leur naissance et de la culture dans laquelle ils baignent. Certaines sont tellement violentes ! Mais ils possèdent tous mon image à leur naissance. Cette part de moi qui leur fait me ressembler. Et cette image peut les porter. Ils ont tous dans leur cœur le désir de me retrouver. Il leur suffit d'écouter leur cœur.

Alors, mon amour prend patience. Encore et encore. Il endure tout. Il peut tout, bien sûr. Bien que je ne renonce à aucun des hommes sur la Terre, je me concentre sur le peuple que j'ai choisi.

Un peuple élu

CE PEUPLE m'en fait pourtant voir de toutes les couleurs. À chaque geste fort que je fais envers lui, il se rapproche de moi, puis s'éloigne immédiatement. N'importe qui se découragerait devant tant d'inconstance et d'infidélité. Mais je ne lâche rien : le salut de tous les hommes dépend du succès de mon entreprise.

Il me faut donc tout reprendre de zéro. Les hommes de cette époque sont aussi rustres que leur savoir est minimaliste. Tout les effraie et ils n'hésitent pas à diviniser ce qu'ils ne comprennent pas. C'est-à-dire à peu près tout ! Même si mon peuple par héritage sait que tout découle de moi, par influence des autres peuples, il n'hésite pas à se tourner vers des idoles de pacotille par imitation. Que la chair humaine est faible… La route va être longue. Très longue.

Comment former un peuple dans la durée ? Chaque génération ne conserve que ce qu'elle a reçu oralement. Et le savoir oral subit les influences du moment. Il n'est pas fiable. Il me faut trouver un moyen plus adéquat.

Alors mon Esprit souffle sur la Terre. Et ceux qui ont l'ouverture d'esprit nécessaire s'ouvrent à Lui. Les hommes créent l'écriture : c'est le moyen de garder une trace sans altérer l'information avec le temps. Cette révélation n'est pas réservée qu'à mon peuple. D'autres hommes exploitent aussi cette invention. Pour le meilleur et pour le pire. La liberté de l'homme ne le contraint pas seulement à n'interagir qu'avec moi. L'essentiel est que les hommes – tous les hommes – puissent un jour s'appuyer sur un témoignage solide et pérenne.

La plupart des tribus de la terre réservent l'écriture à une élite. Je ne le souhaite pas pour mon peuple. Je veux que chacun soit instruit afin qu'il puisse me connaître. On peut difficilement aimer sans connaître et l'amour n'est pas l'apanage d'une aristocratie. Pourtant, les mœurs sont rudes et l'écriture ne sert à rien pour survivre. Il n'est pas naturel à cette époque qu'une tribu, qui a déjà du mal à assurer sa subsistance, puisse consacrer du temps à une tâche non productive. Pourtant, j'insiste auprès de mon peuple : je veux qu'il le fasse. Et il me fait confiance. Progressivement, tous, hommes, femmes et enfants, s'alphabétisent. En échange, discrètement, je veille à leurs besoins. Ils me sont si chers. Et je suis si fier de leurs progrès.

Un peuple en révolte permanente

MAIS LES PROGRÈS d'un moment cachent souvent l'arbre qui dissimule la forêt. Pour un pas vers moi, il n'est pas rare qu'ils en fassent trois dans la direction opposée! Parfois, le découragement me guette. Seul l'amour que je leur porte me fait tenir. Mais quelle ingratitude!

Ce qui me chagrine le plus est leur manie d'inventer des idoles en permanence. Ils les dotent de pouvoirs magiques afin de se rassurer. Ou bien de m'imiter. Plutôt que de se tourner vers moi. Combien leur ignorance me peine! Il faut dire qu'ils sont puissamment influencés par Lucifer qui continue de déployer toute son énergie pour les abuser. Il n'hésite pas à revêtir la forme d'idoles pour les égarer. Il est si facile de berner mes enfants qu'il a parfois fort peu à faire pour arriver à ses fins. Et mon peuple, malgré les mille preuves de ma présence, se laisse ainsi souvent prendre.

Autant je peux comprendre combien les autres hommes peuvent se faire mystifier, autant les volte-face de mon peuple me peinent et me blessent. Combien de siècles vais-je devoir attendre avant qu'il ne comprenne? À ce stade, leur parler d'amour ne sert toujours à rien s'ils ne savent pas qu'il y a qu'un seul amour...

L'Égypte : le contre-modèle

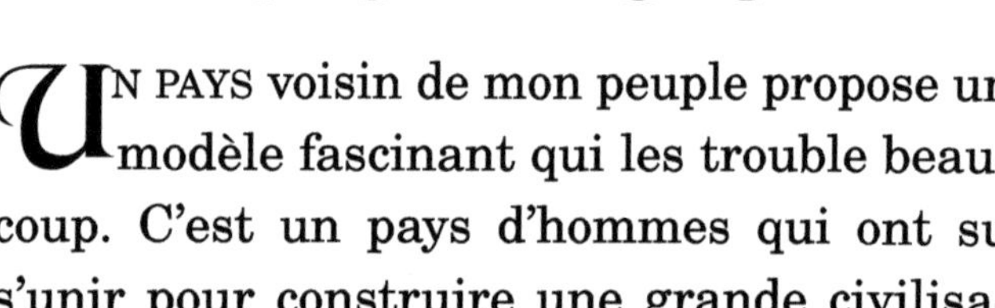

UN PAYS voisin de mon peuple propose un modèle fascinant qui les trouble beaucoup. C'est un pays d'hommes qui ont su s'unir pour construire une grande civilisation. Eux aussi ont accepté l'écriture et l'ont utilisée pour devenir un grand peuple. Mais sans moi. Ils se sont créé leurs propres idoles

pour me remplacer. Et comme ils sont devenus une grande civilisation reconnue par-de-
là les régions de mon peuple, ils imposent
leur modèle. Et dévoient mon peuple.

Cela me donne une idée. Je vais me servir de
ce peuple pour donner une solide leçon au mien.
Je leur montrerai que les idoles n'existent pas
et que je suis le seul Dieu à qui on peut se
confier. Et surtout vers lequel on peut se tourner ! Et cette leçon servira pour des milliers de
générations afin que personne n'oublie jamais
rien !

À cette époque, mon peuple est encore minuscule en comparaison de son très puissant
voisin. Je vais profiter d'une sombre histoire
de jalousie entre frères pour ma démonstra-
tion. L'avant-dernier de la fratrie de Jacob, Joseph, va devenir la pierre angulaire de ma
stratégie. Abandonné et vendu en esclavage à
des marchands égyptiens, il deviendra en
quelques années le bras droit du tout puissant
pharaon, roi d'Égypte, grâce à mon soutien
discret, mais efficace. Arrivé enfant en
Égypte, c'est en puissant monarque qu'il va y

régner. Profitant de sa position avantageuse, il installera son ancienne tribu en Égypte pour profiter de ses richesses.

L'Égypte : la leçon...

LA LEÇON peut commencer. Au contact des Égyptiens, mon peuple trahit presque tous ses engagements. Il se tourne vers les idoles et la vie facile d'Égypte. Il adopte les coutumes du peuple du Nil et abandonne ses traditions. Et surtout me tourne le dos. Dans cette vie aisée et sans contraintes, mon peuple m'oublie totalement.

Mais les Égyptiens n'acceptent plus ce peuple étranger. Mon peuple, baigné dans l'opulence de la vallée du Nil, a grossi de façon démesurée, menaçant l'équilibre même de l'Égypte. Les Égyptiens ont un réflexe normal de tribu : pour ne pas succomber, ils le rejettent. En quelques années, mon peuple passe alors d'une vie paisible et sans souci sous le joug terrible d'un pouvoir tyrannique. Pire que tout, il devient l'objet non seulement d'une persécution aiguë, mais doit désormais travailler sans relâche en tant qu'esclave. En quelques décennies, mon peuple a suivi le chemin de ses pères au jardin d'Éden : il est passé d'une vie douce et agréable à la réalité implacable du Prince de ce monde.

Je n'ai rien eu besoin de faire. À part aider Joseph à gravir les échelons du pouvoir, le reste n'a été que le fait de mon peuple. Il s'est de lui-même placé dans cette situation. Comme Adam et Ève. Les descendants de la tribu de Jacob vont désormais devoir assumer les inconséquences de leurs pères !

Le réveil

C'EST ÉVIDEMMENT dans la douleur de l'esclavage et d'une vie de souffrance que mon peuple se rappelle mon existence. Les idoles qu'il a adorées ne l'ont pas aidé. Bien au contraire, force lui est de reconnaître que leur culte l'a conduit à sa déchéance actuelle.

Alors, les hommes de mon peuple se souviennent de moi. Je vois bien là toute la misère de l'âme humaine. Moi qui ai tant fait pour ce peuple. Il m'a oublié pendant des décennies, parfois des centaines d'années. Lui n'avait pourtant pas d'excuse : je lui parlais par les prophètes et par les patriarches. Il me connaissait bien. Et pourtant, à la première occasion, il m'a rejeté. Oublié. Repoussé. Peut-il comprendre combien cette attitude peut être cruellement blessante pour un père ? Un enfant qui repousse et oublie son père : quelle abomination !

Pourtant, je ne lui en veux même pas. Je veux au contraire que cette épreuve nous réunisse pour le meilleur. Je travaille en permanence pour lui. Et surtout afin que mon Fils puisse enfin lui apporter une parole qu'il sera à même de comprendre. Au moins pour certains d'entre eux !

Je suis content de ce réveil. Les hommes de mon peuple me parlent. Ils recommencent à m'aimer. S'ils savaient combien je les aime, combien cet amour m'est indispensable. Discrètement, je fais à nouveau sentir ma présence. Progressivement, je me réinstalle au milieu d'eux.

Bien sûr, la vie n'est pas rose. Tous les hommes de mon peuple n'ont pas encore basculé. Beaucoup ont gardé de nombreuses pratiques païennes. Mais, peu à peu, les habitudes reviennent. La majorité d'entre eux me refait confiance. Et tout cela me plaît beaucoup. Je ne brusque rien : je les laisse librement constater combien leurs égarements les ont menés à leur chute. Comme d'habitude, je ne veux pas agir contre leur liberté. Les hommes resteront à jamais libres de me suivre.

Moïse

IL EST DÉSORMAIS temps de montrer à mon peuple que je suis l'Unique. Certes, aujourd'hui, dans le désespoir, ils se tournent vers moi. Mais tout cela est bien fragile. Et puis, tous sont imprégnés des idoles égyptiennes. Il faut dire que le Prince de ce monde a rendu certains magiciens égyptiens très puissants, capables d'impressionner des esprits faibles. Alors, je vais frapper un grand coup.

Comme j'avais instigué la chute de mon peuple par l'intermédiaire de Joseph à la cour de Pharaon, de même je vais le sauver en mettant un des leurs de nouveau à la tête de cette même cour. Il sera ainsi à même de connaître Pharaon et les Égyptiens et, surtout, ces derniers pourront lui parler sans s'abaisser à s'adresser à un esclave, ce qui facilitera le dialogue le moment venu.

Je choisis minutieusement l'homme qui va recevoir cette charge. Je vais d'ailleurs lui confier une tâche plus grande encore que de délivrer ses frères du joug égyptien. Il va être l'instrument d'une mission qui fera date dans toute l'histoire de l'humanité : il sera celui qui donnera une fois pour toutes aux hommes des lois simples qui les distingueront pour toujours du comportement animal, leur montrant la direction à suivre pour connaître mon amour. Et, cerise sur le gâteau, cet homme mènera mon peuple sur le territoire que je lui ai choisi, afin qu'il grandisse en puissance et en sagesse, avant la venue de mon Fils.

Cet homme s'appellera Moïse.

Je vais montrer grâce à lui bien des choses. Premièrement, que je n'ai pas besoin de faire de miracle extraordinaire pour imposer mes volontés. Ainsi, Moïse entrera à la cour du pharaon sous l'action de l'Amour sur terre. Cette personne qui nous unit, moi, le Père, et lui, le Fils, s'appelle aussi la Providence. Elle agit en notre nom pour influencer et proposer une direction. Les hommes sages suivront ses conseils et demanderont sa force.

C'est le cas de la mère de Moïse. Terrorisée à l'idée de perdre son fils à cause de la cruauté des Égyptiens qui allaient le passer au fil de l'épée, elle le confie dans un acte de foi au cruel fleuve Nil qui n'en aurait fait qu'une bouchée. La Providence le détourne alors vers la fille de Pharaon, qui le recueille. Et suprême délicatesse de sa part, elle le confie en nourrice à la mère elle-même. Voyez comme je suis capable d'agir avec la plus grande des délicatesses et la plus grande des discrétions quand on me le demande. Il n'est nul besoin de faire tonner les éclairs et crouler les montagnes pour que ma volonté s'accomplisse.

De la principauté
d'Égypte...

MOÏSE reçoit ensuite une éducation de prince d'Égypte à la cour. Aux côtés de son demi-frère égyptien. Ils pourront donc se parler plus tard, à défaut de s'entendre. Moïse aura besoin d'une solide instruction pour être le chef de mon peuple. Certes, je peux pallier tous les défauts des hommes, mais je désire toujours le meilleur pour eux. Il est donc bon que le futur chef de mon peuple soit un homme accompli, instruit et sage, plein de vigucur, et un meneur d'hommes. Bien que non exempte de défauts, cette éducation va servir mes desseins. Et les soins de sa mère-nourrice vont pallier en partie les défauts de cette éducation païenne.

Je tiens énormément aux liens familiaux. Ce n'est pas pour rien que j'ai confié l'éducation de Moïse aux soins attentifs et aimants de sa mère. Je veux toujours le meilleur pour les hommes et j'ai créé l'amour maternel à cette fin. Fait unique parmi toutes les créatures, les hommes et les femmes connaîtront ce lien particulier qui les édifiera. Ce lien est si important à mes yeux que, plus tard, j'offrirai à tous les hommes une Mère afin que nul n'en soit privé. Mais n'anticipons pas.

Moïse aura donc toutes les chances de son côté : il recevra une éducation de prince et, surtout, sera élevé par sa propre mère dans l'intimité de ma présence. Il en aura bien besoin, car il va connaître un destin exceptionnel qui aura des répercussions sur toute l'humanité.

... à la principauté d'Israël

JE PROFITE de cette occasion pour montrer à la Terre entière ce que je veux. Et donner une bonne leçon à mon peuple. Je veux qu'à l'issue de cette épreuve, la face du monde en ressorte bouleversée. Le moment est venu, car mon peuple est prêt. Moïse aussi. J'ai ajouté l'humilité à sa formation en l'exilant long-temps dans le désert. Il a fondé une famille ; il connaît le prix du travail de ses mains et d'un labeur éreintant sous le soleil. Il connaît aus-si la joie de fonder une famille. Mais, plus en-core, il a gardé sa foi intacte et pure. Et, pour moi, c'est le plus important : c'est dans sa foi et sa confiance que je vais me révéler aux yeux de tous. Il sera ma voix auprès des hommes et je lui donnerai toute ma puissance. Tant que sa confiance sera inébranlable…

La libération d'Égypte

J'AIME beaucoup Moïse. C'est un homme remarquable, plein d'allant et de confiance. Il s'emporte bien parfois un peu, mais il a une si grande confiance en moi. Je lui demande pourtant humainement quelque chose d'impossible. Cependant, il ne bronche pas. Il accepte. Seul, accompagné de son frère Aaron, il n'hésite pas à revenir devant le tout puissant roi d'Égypte pour lui tenir un discours insensé. Certes, ils ont été frères. Mais Pharaon est devenu vaniteux et orgueilleux avec l'âge. Il a de plus toujours jalousé ce frère adoptif. Les risques pour Moïse sont énormes. Pourtant, ce dernier me fait confiance. Il sait que je le soutiens et que je le protège. Le plus puissant roi de la Terre ne peut rien contre lui : toutes ses armées qui ont fait plier tous ses ennemis ne pourront jamais rien contre Moïse seul et sans arme, mais avec mon soutien. Il le sait et me donne ainsi toute sa confiance. Il part donc, armé de sa foi et de son seul bâton.

Une bataille stupide commence entre Moïse et Pharaon. Ce dernier va expier sa vanité et son orgueil démesurés bien au-delà du raisonnable et tout son peuple va en souffrir cruellement. Pourquoi les hommes doivent-ils être poussés jusqu'à leurs derniers retranchements pour qu'enfin ils deviennent raisonnables ? Ô combien ils ont perdu en perdant tout contact avec moi ! Ô combien l'absence d'amour conduit à des décisions dénuées de tout bon sens !

Ainsi, après bien des souffrances inutiles, mon peuple va enfin pouvoir partir vers la terre à laquelle je le destine.

Le début de l'Exode

A SORTIE D'ÉGYPTE s'effectue dans l'enthousiasme. L'idée de quitter le joug implacable de Pharaon et de se libérer des chaînes de l'esclavage pousse mon peuple sur la route de l'Exode avec entrain. Moïse commande et mon peuple obéit. Si sa joie est sincère, sa confiance est encore bien fragile. Je sais bien que la moindre peccadille peut briser cet élan sincère, mais sans racine.

Alors, je vais lui demander beaucoup. Énormément, même. Afin qu'à jamais cela soit gravé dans le cœur de ces hommes. Ils ont compris déjà que les idoles égyptiennes les ont conduits à leur perte. Ils vont désormais apprendre qu'elles ne sont rien et que je suis tout ! Je veux surtout leur faire comprendre combien leur volonté est fragile sans moi et combien leur force est dérisoire sans mon soutien. À chaque épreuve que mon peuple rencontre sur la route de l'Exode, il se trouve un nombre certain d'hommes, parfois considérable, pour douter de moi. Aussi incroyables qu'ils soient, aucun de mes exploits ne les convertit définitivement à me suivre.

Pourtant, quels hommes sensés ne sauraient imaginer la toute-puissance d'un Dieu en le voyant accomplir des miracles invraisemblables? J'ai beau détruire leurs ennemis en fendant la mer en deux, les nourrir invariablement dans le désert, faire plier les lois de la nature que j'ai créées, comme inverser le sens d'écoulement d'un fleuve, rien n'y fait. Dès que l'homme est laissé à son libre arbitre, loin de moi, alors la tentation de s'éloigner de moi l'agite frénétiquement.

Ce serait totalement désespérant si je n'avais ni une patience infinie ni une miséricorde de la même eau.

Un cadre pour l'éternité

JE PROFITE de la situation pour transmettre un enseignement majeur aux hommes. Ces derniers ont tant vécu au milieu des démons que, parfois, le sens élémentaire de la mesure leur fait cruellement défaut. Je voudrais les aider à le retrouver. Et mon peuple sera pionnier dans cette expérimentation, afin que cet enseignement se diffuse au plus grand nombre.

Je n'associe pas ce don uniquement à la promesse d'Alliance que je leur ai faite. Je veux que cela aille beaucoup plus loin, afin que les hommes qui ne me connaissent pas puissent aussi se retrouver dans ce cadre humain. Il sera le socle minimaliste autour duquel les hommes de bonne volonté pourront se reconnaître.

Je brûle pourtant d'aller plus vite et de leur résumer le tout en un seul mot : amour. Mais c'est prématuré. Les hommes ne sont pas prêts et mon peuple en est un très bon exemple. À la moindre épreuve, ils n'hésitent pas à retourner vers les pratiques les plus honteuses du paganisme antédiluvien.

Les tables de loi

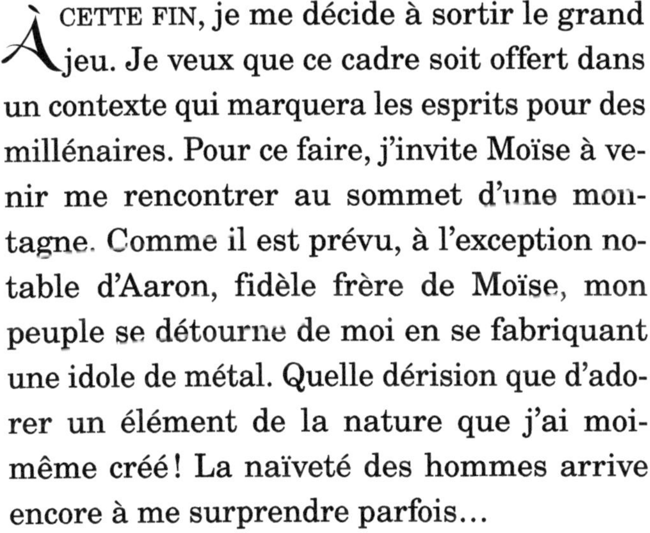

À CETTE FIN, je me décide à sortir le grand jeu. Je veux que ce cadre soit offert dans un contexte qui marquera les esprits pour des millénaires. Pour ce faire, j'invite Moïse à venir me rencontrer au sommet d'une montagne. Comme il est prévu, à l'exception notable d'Aaron, fidèle frère de Moïse, mon peuple se détourne de moi en se fabriquant une idole de métal. Quelle dérision que d'adorer un élément de la nature que j'ai moi-même créé ! La naïveté des hommes arrive encore à me surprendre parfois…

Devant Moïse, je grave dans la pierre dix lois fondamentales. Si les hommes n'avaient gardé qu'un tout petit peu de bon sens et d'amour, tout cela aurait été inutile tant ces lois sont d'une évidence absolue! Et, pourtant, elles vont devenir le socle de l'humanité pendant des siècles, jusqu'à ce que mon Fils revienne. Mon fidèle Moïse les reçoit avec bonheur. Quel moment extraordinaire j'ai passé avec lui! À mon contact, son corps a retrouvé une partie de l'éblouissant éclat qu'ont connu ses grands aïeux lorsque j'ai créé l'homme. Par rapport aux autres hommes, il rayonne si fort de mon amour que personne ne pourra le regarder en face. Et, ainsi, tout le monde saura qu'il m'a rencontré en personne! Hélas pour lui, cet état ne sera que transitoire, car le moment n'est pas encore arrivé pour que l'homme reconquière cet état sur la Terre.

Je m'amuse à tester Moïse encore une fois. Je lui fais part de ma colère à l'égard de ses frères qui se détournent de moi. Je lui explique que je veux les détruire. Moïse est fidèle en cœur et j'aime cela. Il défend ses frères, pourtant indéfendables. Il intercède pour eux et calme ma colère. Ainsi, je veux montrer que chaque homme peut, grâce à sa supplique, faire changer le cours des choses. Il suffit de me parler. De me le demander. Nul besoin d'être aussi grand que Moïse : il suffit d'être sincère.

À son retour, Moïse surprend mon peuple en pleine perversion. Le contraste est tel entre les moments qu'il a passés avec moi et le reniement de ses frères qu'il se met dans une terrible colère. Sa déception est si grande qu'il en brise les tables de loi. L'idole, ultime réminiscence d'un idolâtre passé égyptien, n'y survit pas et ceux qui se sont définitivement éloignés de moi la suivent dans l'abîme.

Je pardonne à la fois à Moïse sa colère bien compréhensible, ainsi qu'à mon peuple. Je veux qu'ils comprennent combien ce moment est capital dans l'histoire de l'humanité. Je confie à Moïse deux nouvelles tables afin que ces dix lois soient transmises pour l'éternité.

Le long apprentissage de l'amour

N'IMPORTE QUI se serait découragé devant l'incapacité de mon peuple à aimer. Malgré ma présence journalière, malgré mes enseignements fidèlement retransmis par Moïse, malgré mes miracles incroyables sans cesse renouvelés, mon peuple finit toujours par douter de mon amour. Que le cœur de l'homme est devenu dur ! Même les pierres du désert sont infiniment plus tendres…

À combien d'efforts ai-je dû me résoudre pour le rapprocher de moi ! La tâche est immense. En théorie, elle est même impossible ! Le Prince de ce monde a fait un travail de sape terrible. Le cœur des hommes a failli se séparer définitivement de moi. Le retour est lent, long et souvent pénible. Beaucoup de points sont encore à revoir et, parfois, la dureté des hommes les conduit à des choix terrifiants.

Peu à peu, pour les aider, je vais leur inspirer un nouveau cadre de vie. En le respectant, ils connaîtront la voie qui mène vers Moi. Mais je sais aussi combien cela est à double tranchant, car certains obéiront davantage au cadre qu'à la direction. Qu'importe! Au moment voulu, mon Fils viendra remettre définitivement de l'ordre.

Et même là… Enfin, n'anticipons pas.

Les trois piliers du retour vers Moi

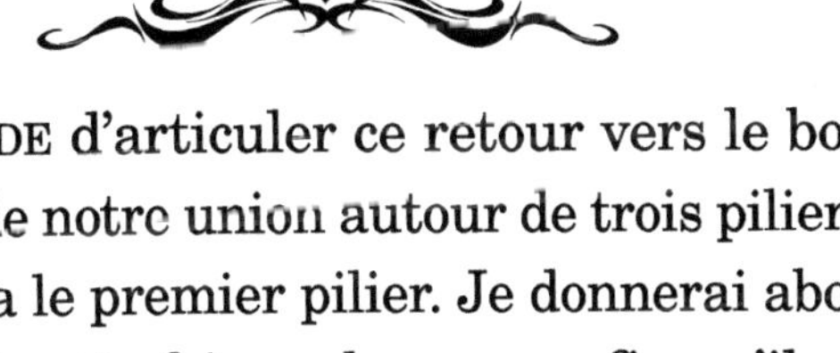

JE DÉCIDE d'articuler ce retour vers le bonheur de notre union autour de trois piliers : la Foi sera le premier pilier. Je donnerai abondamment cette foi aux hommes afin qu'ils en aient envie. Ce sera un don gratuit et sans contrepartie que je confierai à l'Amour afin qu'Il répande la foi dans le cœur de tous les hommes. Chaque homme sera bien sûr libre de l'accepter ou non. Nul ne sera jamais obligé de faire quelque chose contre sa volonté en ma présence. Les hommes doivent garder par-dessus tout leur liberté de choisir : sans liberté, il n'existe pas d'amour possible !

Le second pilier sera l'Espérance. Cette espérance est née le jour où j'ai parlé de la *Bonne Nouvelle* à Adam et Ève. Chaque homme y aura bien sûr accès, mais elle ne sera nourrie que par lui, comme preuve de sa confiance à jamais.

Enfin, le dernier pilier sera l'Amour. Ce sera l'outil et le moyen pour revenir à moi. Ce sera la mission de mon Fils, la plus importante. Pour le moment, c'est prématuré : les hommes ne sont pas encore prêts. En effet, quand ils seront à nouveau tous réunis autour de moi et que nous renouvellerons la félicité originelle, alors la foi et l'espérance auront disparu, et il ne restera que l'amour.

La foi de Moïse

Moïse va montrer que la foi peut tout. Il sera un exemple pour la postérité. Chaque geste de sa vie sera baigné de foi. Chaque pensée, chaque conseil, chaque commandement sera baigné de foi. Et de fait, durant le long exode où il accompagnera mon peuple, ce dernier recevra plus de la foi de Moïse que de n'importe quelle autre de mes actions.

Il est important que mes enfants comprennent combien leur foi m'est précieuse. Ils n'ont rien d'autre à faire que de l'accepter. Je la leur donne. Je la leur offre. Ils n'ont pas à résister : juste à se tourner vers moi. Je ne demande même pas d'amour à ce stade. Juste reconnaître que Je Suis. C'est tout. Et si leur adhésion est sincère, je leur montrerai combien mon soutien est sans faille.

Avec Moïse, je leur montre que la foi peut tout. Absolument tout. Mes enfants ont rencontré des difficultés insurmontables. Et pourtant, la foi de Moïse a surmonté ces obstacles comme s'ils n'existaient pas. Plus tard, ces exploits seront niés par certains de mes enfants qui croiront pourtant en moi. Car ils auront perdu cette foi simple et naïve qui peut tout. Cela me navre au plus haut point. Si seulement les hommes connaissaient la puissance de la foi !

Alors, je pense frapper très fort les esprits à ce sujet. Pour l'éternité, les hommes comprendront combien le manque de foi peut les mener à leur perte.

La foi trahie de Moïse

JE VAIS encore utiliser Moïse à cette fin. Rien ne pourra sans doute jamais égaler la foi de Moïse. Ni même égaler ce que cette foi a construit. Et pourtant... Je veux marquer les esprits.

Une seule fois. Une unique fois. Moïse va douter. Après des dizaines d'années d'une confiance parfaite. Il va mettre en doute mon amour. Il va s'interroger sur ma capacité à pardonner et à aimer. Lui qui m'a vu en personne, qui m'a entendu et m'a parlé. Lui, plus qu'aucun homme de la Terre, ne peut douter de ce qu'il a vu pendant des décennies. Qui plus est, il va le faire publiquement, devant tout mon peuple.

Alors, je me sers de ce doute. Je veux montrer à tous les hommes que douter de mon amour conduit au néant. Ainsi, je n'autorise pas Moïse à parachever son œuvre. Il n'entrera pas avec ses frères dans le pays que je leur ai confié. Quelle douleur pour Moïse! Mais quelle stupéfaction encore plus grande pour ses frères! S'il n'y avait qu'un roc dans le peuple hébreu, c'était bien Moïse aux yeux de tous. Personne n'aurait jamais pu imaginer que Dieu lui interdirait ce dernier pas vers cette destination pour laquelle il avait donné près d'un siècle de sa vie.

Moïse, lui, accepte avec stoïcisme. Il sait ce qu'il a fait. Il comprend. Il comprend aussi ce que je veux faire. Ce sera donc le dernier don à ses frères. Un don silencieux, car il ne l'expliquera pas. Il ne le justifiera pas. Par fidélité et par amour pour moi, il abdiquera toute vanité et tout orgueil afin que les choses se déroulent ainsi.

Quel homme ! Quel exemple !

Bientôt, très bientôt, il mourra et me rejoindra directement. Sa place de son vivant a toujours été à côté de moi : il en sera de même après sa mort. Pour l'exemple. Pour sa fidélité et sa confiance. Pour l'éternité.

La longue maturation de mon peuple

MON PEUPLE s'organise peu à peu. Mais que la route est longue! À combien d'épreuves dois-je encore le soumettre pour l'élever progressivement dans sa dignité d'homme? Je ne les compte plus. Chaque épreuve est l'occasion d'une leçon. Une chance de se racheter d'une chute précédente. Une preuve inlassable de mon amour et de ma miséricorde. Jamais je ne lâche. Jamais! Et pourtant, ô combien mon peuple me met à l'épreuve! Cela n'arrête jamais. Mais rien ne peut m'arrêter moi non plus : ma miséricorde est infinie et les générations futures, grâce aux témoignages, seront obligées de le reconnaître : Moi, le Père, je suis le Miséricordieux et j'aime les hommes infiniment.

Tout cela prend parfois de drôles de formes. J'utilise tout ce qui entoure mon peuple pour l'aider. La cupidité et la cruauté des peuples voisins m'aident beaucoup. Je souffle parfois légèrement d'un côté de la balance pour influencer le sort d'une bataille afin de mettre mon peuple à l'épreuve.

Et puis j'envoie un homme privilégié. C'est toujours mon émissaire. Par sa voix, je fais connaître la mienne. Par sa voix, mon peuple entend ce que je dis. Certes, le processus est indirect et cela me navre, mais il n'est pas encore prêt à me parler directement. Toujours ce manque de foi. Et cette incapacité à prier. Il est pourtant si simple de me prier : il suffit de me parler. Je ne désire que cela. Pourquoi tant d'hommes dressent-ils des barrières infranchissables pour me parler ? Parlez-moi ! Naturellement. Confiez-moi vos doutes, vos peurs, vos colères, vos erreurs. Confiez-moi vos joies, votre bonheur et vos amours. Confiez-vous à moi : j'aime tant vous entendre me parler. Cela me montre votre amour et cela me comble ! Si vous saviez comme cela me comble, vous me parleriez tout le temps !

Un roi à jamais

POUR MON PEUPLE, je suis Celui qui les guide. Par la voix de mes prophètes. Mais mon peuple a la tête dure. Il est surtout jaloux de ses voisins. Ces derniers ont des rois. Mon peuple se rappelle sa captivité en Égypte et Pharaon. Bien que j'aie mis à genoux tous ces rois de pacotille, il n'en démord pas. Il ne veut pas se singulariser davantage. Il est déjà monothéiste. Alors si, en plus, il n'a pas de roi…

J'entends ses suppliques. Je ne veux pas non plus le gêner.

Cette prière me pose un problème. Je suis l'unique Roi de l'univers. J'ai tout créé. De moi tout est sorti. Avec mon Fils et l'Amour, nous régnons à jamais sur l'univers de la Création. Que viendrait faire une couronne sur la tête d'une de mes créatures ? Ce serait pour le moins saugrenu.

Pourtant, en y réfléchissant, une idée me vient. Pourquoi pas ? Mais pas comme les hommes le veulent. Ce sera l'occasion d'une excellente leçon. Voire de préparer les hommes à la venue de mon Fils.

Finalement, l'idée me plaît. Je vais leur donner un roi. Mais un nouveau type de roi. En apparence, il aura l'air d'un roi comme ses coreligionnaires des autres pays. Mais, dans la réalité, il sera tout autre, car je serai avec lui pour l'éternité.

Un roi à mon image

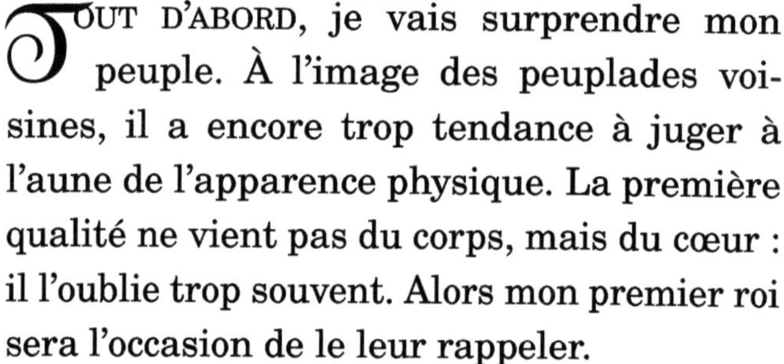

TOUT D'ABORD, je vais surprendre mon peuple. À l'image des peuplades voisines, il a encore trop tendance à juger à l'aune de l'apparence physique. La première qualité ne vient pas du corps, mais du cœur : il l'oublie trop souvent. Alors mon premier roi sera l'occasion de le leur rappeler.

J'ai choisi un homme qui sera le véritable premier roi de mon peuple. Il est très jeune.

En apparence, ses nombreux frères paraissent plus capables : ils sont déjà solides et inspirent le respect. Pourtant, je demande à mon messager de ne bénir que ce dernier. Je connais ce qu'il a dans le cœur.

Et puis je sacralise cet instant. Je veux que cette dynastie soit à jamais différente de toutes celles fondées par les hommes. Je veux que Moi, le Père, sois l'auteur et la fin de cette destinée. Je serai le moteur de cette dynastie et l'élèverai aux plus hautes destinées si elle reste digne de cet honneur, mais je n'hésiterai jamais à l'abaisser plus bas que terre dans le cas contraire. Je serai l'unique instrument de sa transmission et je n'hésiterai pas à confier son sceptre à une autre nation si mon peuple n'en est plus digne.

Un roi consacré

OUS LES ROIS HUMAINS sont couronnés. Le mien sera différent : il sera consacré. L'huile sainte – le saint chrême –, sera le symbole de notre union. Comme l'huile pénètre profondément dans la peau par massage, le saint chrême sera le signe de l'union profonde qui nous unira, lui et Moi. Ce symbole sera le plus important, plus important encore que sa couronne, l'unique trace visible aux yeux des hommes. Gare aux rois qui l'oublieront : leur règne ne durera pas ! Et si les successeurs ne redressent pas la barre, ce sera la dynastie tout entière qui en pâtira !

Dans le cas contraire, le roi sera toujours élevé au-dessus des hommes pour montrer le chemin qui mène à Moi. Il devra être le symbole du service sur terre. Il sera le Père quand les hommes ne me verront pas. Il sera Moi pour servir les hommes, tenant lieu de Dieu auprès d'eux, c'est-à-dire mon lieutenant personnel.

Cet honneur incroyable pèsera lourdement sur ses épaules. Afin de l'aider dans cette tâche surhumaine, je lui donnerai lors de son sacre, pendant sa consécration, des forces particulières afin que son règne soit placé sous les auspices de ma miséricorde et de mon amour. Je pourrai même lui donner la possibilité de guérir certains malades si le besoin s'en faisait sentir, car je veux que le roi soit un canal privilégié de ma grâce sur terre.

Évidemment, chaque roi est un homme avant tout. Il sera toujours libre de choisir d'accepter ou non de me suivre. Mais j'accepterai de le soutenir uniquement s'il reste en accord avec moi.

Une formule à succès !

ÉVIDEMMENT, la formule a surpris. Mon peuple n'a pas compris immédiatement. En désirant un roi, il a oublié que je suis son seul Roi, ou du moins, il a voulu rendre les choses plus concrètes. Mais à l'image de ses voisins.

La formule a surpris, mais rapidement, les hommes de mon peuple ont été conquis. Le premier roi que je leur ai choisi les a finalement séduits. La foi a transcendé ce roi et son règne fut un succès retentissant qui a marqué profondément mon peuple. Le roi David avait tous les talents : chef exceptionnel, bâtisseur d'empire et fin poète. Il a laissé son nom à une dynastie qui finira avec l'arrivée de mon Fils.

Et puis je tiens à ce lien particulier. Le fils de David me plaît particulièrement. Il sera à jamais le symbole de ce que je veux transmettre aux hommes. Je veux des hommes au cœur sage et plein d'amour. Ce roi ne m'a demandé que cette sagesse. Alors, je le comble au-delà de ce que quiconque pourrait jamais imaginer. Je veux qu'à jamais les hommes qui dirigent recherchent, avant tout, la sagesse pour le bien des hommes dont ils ont la responsabilité et la charge.

D'une dynastie à l'autre

POURTANT, mon peuple ne sera pas toujours digne de cette charge. Avec le temps, une partie de mon peuple rompra cette alliance royale et je serai obligé de la transférer à un autre peuple. Mais cela se fera bien plus tard.

En effet, cela viendra après la venue de mon Fils qui sera pourchassé par le dernier rejeton de cette lignée royale, la condamnant irrémédiablement à la disparition, après qu'il a rompu le lien qui nous unissait. En conséquence, non seulement le lien royal sera brisé, mais les restes de mon peuple dispersés.

Plus tard, bien plus tard, ses arrière-petits-enfants coloniseront une autre nation et je leur transférerai le privilège royal de leur glorieuse lignée. Je l'introniserai par un miracle afin que nul n'ignore le privilège dont elle aura la charge. Elle aussi devra s'en montrer digne afin de rétablir un pont entre la Terre et Moi, mais elle aussi chutera si elle ne s'en montre pas digne. Et elle chutera.

Mais j'anticipe trop...

Le roi.
Pour accueillir le Messie...

EN ATTENDANT, je continue de préparer mon peuple. Mes enfants ont eu leur roi. Et ils continuent de recevoir mon enseignement. Lentement, jour après jour, décennie après décennie et siècle après siècle, je leur transmets les prémices de l'Amour.

Seul le temps et donc ma patience infinie peuvent venir à bout de cette immense tâche. Le défi est considérable, mais à la hauteur de l'enjeu. Il s'agit de sauver mes enfants. Il s'agit de leur donner assez d'amour afin qu'ils puissent être sauvés. Afin de les ramener à Moi et de leur donner enfin tout le bonheur qu'ils méritent. Et, surtout, ce que je veux leur offrir.

Alors tout est bon pour les mettre sur la voie. Les épreuves comme les preuves de mon Amour. Je veux placer progressivement l'amour au centre de leur vie. Leur faire comprendre combien l'amour peut les aider et surtout les transformer. Mais c'est un vrai défi, car rares sont les âmes qui y sont sensibles. Beaucoup se sont endurcies et la plupart ont du mal à laisser percer leur carapace.

Je ne leur en veux pas. Beaucoup d'hommes après la venue de mon Fils, et ce pendant des centaines d'années, ne le comprendront toujours pas. Même parmi ceux qui suivront Ses propres traces. Alors, comment leur en vouloir aujourd'hui? Ce sont mes enfants : je leur ai promis de les aider et, surtout, de les aimer. Un père ne renie jamais ses enfants, quelles que soient leurs fautes!

Je multiplie donc les gestes et les symboles.

Isaïe, le dernier prophète

LES ANNÉES TERRESTRES défilent sans s'arrêter. Lentement, mais sûrement, mon peuple grandit auprès de moi. Chaque geste de la vie quotidienne est désormais baigné de ma présence. Bien sûr, il y a encore beaucoup d'artifices. De nombreux hommes s'en tiennent à une vision superficielle de ma présence. Ils suivent mes préceptes, mais ne les comprennent pas. Ils agissent comme des marionnettes.

Ce n'est d'ailleurs pas sans contradiction. Moi qui ai créé l'homme libre afin qu'il puisse m'aimer volontairement, je constate que certains de mes enfants m'aiment aujourd'hui mécaniquement ! Il leur faut hélas passer par là. Mais ce n'est qu'une étape : bientôt, mon Fils viendra et Il leur expliquera.

En attendant, les progrès sont manifestes, même s'il leur faut beaucoup d'artifices pour en arriver là. Mais seule la patience pourra venir à bout du mal qui règne désormais sur la Terre. Les hommes tiennent le bon bout. Leur persévérance me plaît. Un certain nombre d'entre eux est déjà prêt à recevoir le message de mon Fils. Mais trop peu encore.

Il est temps quand même d'accélérer un peu les choses : mon peuple le mérite bien.

Alors j'envoie un dernier messager. Il annonce la venue proche de mon Fils. Beaucoup ne comprendront son présage que bien après son arrivée. Mais ce n'est pas grave : l'important est que cette annonce soit concrète et que, le jour venu, on puisse établir sans nul doute que je l'avais prédite.

À partir de là, je laisse mon peuple sans guide. Il a suffisamment appris pendant des siècles. Il est temps que tout cela mûrisse dans son cœur.

La dernière ligne droite

MON PEUPLE continue désormais sur sa lancée, guidé uniquement par ses connaissances et son expérience. Je laisse faire. Un enfant, lorsqu'il grandit, a besoin d'autonomie. Mon peuple a grandi.

Je l'admire. Bien sûr, il est loin d'être parfait. Il a la foi, certes, il me prie, certes, il sacrifie à mon amour tant d'animaux que c'en est écœurant, mais il le fait en signe d'amour, au moins l'imagine-t-il. Mon Fils y mettra fin en temps voulu, mais je suis bien obligé de reconnaître la sincérité et la bonne volonté de ces hommes.

Même si, encore une fois, la loi est souvent plus forte que leur cœur. Mais ils sont sur la voie et seul compte cela.

Je dois bien avouer que certains cœurs sont admirables. Je les ai bien préparés. La lignée du roi David va d'ailleurs me donner la famille qui va accueillir mon Fils.

Je cherche à frapper un grand coup. Encore une fois, si je veux convaincre les hommes, je dois les toucher au cœur. Deux mille ans de miracles n'ont presque servi à rien : juste à les amener un peu à progresser. Le miracle n'est là que pour souligner ma volonté. Cette dernière ne peut s'imposer dans le cœur des hommes que si l'homme se laisse atteindre. Or, mes miracles impressionnent, mais ne convainquent pas. Il faut donc quelque chose de complètement nouveau.

Mon Fils est d'accord. Depuis le début, il va faire quelque chose d'insensé, d'inattendu, d'incroyable et d'incompréhensible afin de toucher le cœur de l'homme, afin que ce dernier puisse comprendre. Ce geste incompréhensible de mon Fils va rendre accessible la compréhension de ma volonté dans le cœur de l'homme. Chaque homme sur la Terre pourra mesurer ce geste et comprendre mon Amour.

L'unique attitude qu'il pourra avoir sera le déni devant l'évidence. Sinon, ce geste ne pourra qu'interpeller, gêner et mettre mal à l'aise, tant qu'on ne l'accepte pas pour ce qu'il est : l'amour.

Retour à la case départ

L'HISTOIRE de mon peuple a commencé avec un couple de vieillards, Abraham et Sarah. Il finira aussi avec deux couples de vieillards. Trois couples, pour nous Trois qui ne sommes qu'Un. Le symbole, toujours le symbole.

Mon dernier prophète sera engendré par mon dernier couple. Il sera le plus grand, parce qu'il sera celui qui aura le privilège de connaître mon Fils. Il sera le plus grand, parce qu'il désignera mon Fils. Il sera le plus grand, car il sera du sang de mon Fils, son propre cousin. Il sera le plus grand, car ses disciples deviendront les disciples de mon Fils et qu'ils donneront naissance à tout mon nouveau peuple, respectant la promesse de multitude que j'avais faite à Abraham. Il sera le plus grand, car il sera le premier vrai martyr de la foi, précédant dans le sang celui que mon Église honorera comme tel après la mort de mon Fils sur la Terre.

Ce couple se nomme Zacharie et Élisabeth. À bien des égards, il ressemble à celui d'Abraham et de Sarah. Comme eux, ils n'ont pas eu d'enfants et leur vieillesse leur interdit aujourd'hui tout espoir. Comme pour Abraham, je veux montrer que je peux tout et que le moment est important. Comme pour Abraham, sa descendance va bouleverser le monde. Il y aura un avant et un après. Mon peuple, tel que je l'ai façonné, ne s'en remettra pas.

Comme Sarah, Zacharie doute. Mais deux mille ans se sont écoulés et je ne peux pas l'accepter. Zacharie a été élevé dans ma foi. Il me prie tous les jours. Comme Moïse, il doute. Mais il a deux mille ans de preuves. Il utilise sa parole pour nier. Alors, je le marque dans sa chair : je lui coupe la parole. Il ne pourra pas nier. Il méditera son geste dans le silence. Quand il aura compris, quand sa foi sera revenue, il retrouvera la parole.

Zacharie médite. Il ne m'en veut pas, preuve de sa sagesse. Il réfléchit. Il sait qu'il a douté, qu'il n'aurait pas dû. Il est patient. Il regrette son geste d'impatience et son doute. Il a confiance en Moi : il sait qu'en temps et heure, tout cela sera effacé et pardonné.

Quand les docteurs de la loi veulent contredire Élisabeth sur le prénom de son fils, il sait que le moment est venu. Il intervient et sa parole revient. Son fils s'appellera Jean. Parce que j'ai béni ce nom et que je l'ai choisi pour lui. Parce que c'est contre la tradition de mon peuple actuel et que j'instaure une nouvelle tradition aujourd'hui. Parce que ce prénom sera béni dans l'avenir et qu'il sera aussi celui du disciple préféré de mon Fils, le seul qui ne mourra pas martyr.

Le signe est si fort que personne n'ose contredire Zacharie. Que ma Volonté soit faite. Déjà.

Le dernier écrin

J'AI IMAGINÉ la Terre comme le plus bel écrin de la Création pour la plus belle de mes créatures. Je vais choisir le plus beau des écrins de la Création pour enfanter le corps charnel de mon Fils sur Terre. Dernier rejeton de la lignée de Jessé et de David, il sera de sang royal terrestre, auquel se mêlera le sang royal du Ciel.

La force de mon Amour, mon Esprit, se posera sur cette créature préservée pour créer l'inimaginable : qu'une vierge puisse concevoir et enfanter. Afin que l'inimaginable dépasse l'entendement, cette vierge restera vierge après l'enfantement. Pour le symbole.

J'ai choisi cet écrin soigneusement. Je lui ai assigné cette destinée dès sa naissance. Ses parents, Joachim et Anne, ne sont pas fertiles. Ils ont la foi et ne désespèrent pas. Alors, je leur offre cette descendance qu'ils attendent et, dans leur foi, ils la confient au Temple pour la dédier à mon amour. Ô Marie, si belle déjà. Dès ta conception, je t'ai préservée. Mon Fils ne peut côtoyer le Mal. J'ai donc pris le soin de retirer toute trace du péché originel en ton sein. Ô Marie, si belle. Tu vas accueillir ce que j'ai de plus précieux au monde. Peux-tu imaginer ce que je vais te faire porter ? À bien des égards, tu porteras bien davantage. Et si tu t'en montres digne, tu pourras ensuite porter l'humanité tout entière. Ô Marie, si belle, accepteras-tu ce que je vais te demander ?

Il n'est pas concevable, Moi qui ai toujours placé la liberté de l'homme au-dessus de tout, que je force Marie à accepter de recevoir et de porter mon Fils. Quel Père serais-je en me reniant au dernier moment ? Et je ne peux intervenir moi-même, car j'aurais aussi l'air de lui forcer la main.

Alors j'envoie mon Archange, Gabriel. Il est doux. Il est conscient de sa mission. Il a en bien d'autres à son actif, mais celle-ci est décisive : il est porté par mon Amour.

L'Annonciation

LE MOMENT est crucial. Des milliards d'années terrestres se sont écoulés depuis que j'ai décidé de fonder la Création. Et aujourd'hui, à cet instant décisif, le sort de toutes mes créatures est suspendu à la réponse d'une jeune fille de quinze ans. La responsabilité que je lui fais porter n'est-elle pas trop lourde pour ses frêles épaules ? Combien d'hommes soi-disant forts en seraient capables ?

Beaucoup en voudront à Ève d'avoir introduit le péché originel. Les idiots ! Ils ne comprendront jamais qu'Ève n'est aussi qu'un symbole et que le péché était inévitable ? Alors, je vais également rendre ce geste symbolique : c'est par une jeune fille pure que le péché originel sera vaincu. Afin que tous les hommes comprennent. Enfin, pour ceux qui le pourront...

Gabriel est là et n'ose pas interrompre la prière de Marie. Elle est pure et sa pureté lui permet d'entendre et de voir l'invisible. Elle aperçoit l'archange et s'effraie. Pourquoi cet être de Lumière vient-il la visiter?

Le doux Gabriel la rassure. Elle se calme. J'inspire les paroles de Gabriel. Je veux qu'elles restent gravées à jamais dans le cœur des hommes.

> *Je vous salue, Marie,*
> *Pleine de grâce;*
> *Le Seigneur est avec vous.*

Je veux que la Création entière sache que je t'ai choisie, Marie, que je te comble de mes bienfaits et que je suis à tes côtés.

Bien sûr, aujourd'hui, tu t'étonnes. Pourquoi diantre cet être de Lumière vient-il t'annoncer ces paroles mystérieuses? Gabriel poursuit et te demande si tu veux bien porter cet enfant qui est le mien.

Alors toi, la pureté, tu demandes comment cela sera possible, alors que tu n'as pas connu d'homme. Cela échappe totalement à ton entendement. Mais, contrairement à Sarah, contrairement à Zacharie, tu ne t'arrêtes pas à cette impossibilité de la Création. Tu crois en Moi et, dans le plus beau de tous les plus beaux gestes d'amour de la Création, j'ai le bonheur de t'entendre me répondre :

Je suis la servante du Seigneur ; que tout se passe pour moi selon ta parole.

Aucune créature ne pourra jamais égaler ce geste incroyable de confiance et d'abandon dans l'amour. Marie ne se soumet pas : elle se donne. Par amour, par confiance et par foi. En un mot, Marie rachète toute la Création. Un seul mot : *fiat*. Si les hommes savaient combien ce mot est chargé d'émotion pour Moi, ils le répéteraient à longueur de journée.

Partout autour de Moi, les Anges chantent la Création. L'émotion est à son comble. Cette Création portée à bout de bras depuis si longtemps est enfin sur les bons rails.

Ô merci, Marie, d'avoir rendu cela possible. Je sais que ta vie auprès de mon Fils sera source d'un bonheur extraordinaire autant que d'une douleur presque insurmontable. Mais je te comblerai de grâces et tu deviendras par ce geste la Mère de toutes les créatures. Tu deviendras celle qui peut tout demander à mon Fils qui ne te dira jamais non. Car tu es Celle qui aura montré l'exemple de l'amour dans ma foi.

Alors, l'Amour qui nous unit tous les Trois descend sur Marie pour engendrer mon Fils en elle. Ce qui est inconcevable est conçu : mon Fils est devenu une créature. Lui qui est tout, qui occupe tout, qui est tout-puissant, devient un être limité par le temps et la matière, doté d'un corps mortel. Il va franchir toutes les étapes de la vie d'un homme, être nourri au sein de Marie, recevoir les conseils de son bon père nourricier, Joseph, et apprendre un métier rude et difficile.

Il va devenir un homme. Pour connaître la condition des hommes et les aimer davantage. Pour leur montrer le chemin, leur expliquer que la condition n'est pas tout, que les limites ne sont pas celles que l'on croit et qu'on peut les dépasser.

Si l'on croit.

En Lui.

En Moi.

En Nous.

Amen.

Table des matières

Je Suis...11
Les anges..13
La chute des anges..................................16
L'ange de lumière...................................19
La bataille céleste.................................21
L'Enfer et les démons...............................24
L'idée de la Genèse.................................26
La Genèse : les plans...............................29
La Création...33
La Terre : le ciel et la nuit.......................37
La Terre et la mer..................................39
La vie..41
Les animaux...44
Tout cela est beau..................................46
L'homme...48
La femme..50
Jouissance parfaite.................................53
Premiers nuages.....................................54
La chute..56
La douleur partagée.................................59
La rupture..62
La rédemption.......................................64

Le grand départ....................................67

Remise à zéro : la colère........................69

Noé..72

Le déluge...75

La première alliance............................77

La division..80

Abraham : la seconde alliance...............84

Un peuple à apprivoiser.......................90

Un peuple élu......................................92

Un peuple en révolte permanente.........95

L'Égypte : le contre-modèle..................96

L'Égypte : la leçon...............................98

Le réveil..100

Moïse..102

De la principauté d'Égypte..................105

... à la principauté d'Israël..................107

La libération d'Égypte.........................108

Le début de l'Exode............................110

Un cadre pour l'éternité......................112

Les tables de loi.................................113

Le long apprentissage de l'amour.........116

Les trois piliers du retour vers Moi........117

La foi de Moïse...................................119

La foi trahie de Moïse..........................120

La longue maturation de mon peuple...123

Un roi à jamais...................................125

Un roi à mon image.............................126

Un roi consacré....................128
Une formule à succès ! 130
D'une dynastie à l'autre..........131
Le roi. Pour accueillir le Messie...........132
Isaïe, le dernier prophète....................134
La dernière ligne droite....................136
Retour à la case départ....................138
Le dernier écrin....................141
L'Annonciation....................143

Crédits

Relecture et préparation de copie : Claire Bertholet

Correction : Nolwenn Cafel

Première de couverture : œuvre originale de l'auteur.

Quatrième de couverture : photographie sous licence CCO extraite de
`https://pxhere.com/fr/photo/1228461`

Les fontes utilisées dans cet ouvrage sont BlackChancery, Century Schooolbook L, Prida 65, Linux Libertine Mono, CiberGotica, DejaVu Sans et Chilanka. L'ornement d'intertexte est un travail dérivé par l'auteur de
`https://fr.freepik.com/vecteurs-libre/`
`collection-ornements-vintage_2027183.`

Cet ouvrage a été réalisé avec les logiciels libres Inkscape, LibreOffice et Scribus.

Si ce livre vous a plu, n'hésitez pas à laisser un commentaire sur le site de l'auteur :

https://advictoriam.fr

Il existe une version numérique de cet ouvrage que vous pouvez télécharger sur le site de l'auteur.